Spiele Bibliothek

W0192004

Hermann Regulski

# 111 spannende Kegelspiele

FALKEN VERLAG

CIP-Kurztitelaufnahme der Deutschen Bibliothek

**Regulski, Hermann:**
111 [HunderteIf] spannende Kegelspiele / Hermann
Regulski. – Niedernhausen/Ts. : Falken-Verlag, 1984
(Spiele-Bibliothek)
ISBN 3-8068-2031-7

ISBN 3 8068 2031 7

© 1984 by Falken-Verlag GmbH, 6272 Niedernhausen/Ts.
Titelbild: Fachlabor Blum, Eßlingen
Zeichnungen: Autor
Gesamtherstellung: Konkordia Druck GmbH, Bühl/Baden

817 2635 4453 62

# Inhalt

# Zu diesem Buch

Liebe Freunde des geselligen Kegelns!

Vor Ihnen liegt ein Buch, das Ihnen bei Ihren Klubabenden Vorschläge für ein abwechslungsreiches und spannendes Kegeln anbietet. Sie können dabei je nach Klubsitte Spiele auswählen, bei denen Mannschaften, bestehend aus je einer Klubhälfte, gegeneinander kämpfen oder Partnerschaften, bestehend aus jeweils 2 Klubmitgliedern, gegeneinander antreten. Außerdem gibt es Spiele, bei denen jeder gegen jeden kegelt.
Zur besseren Übersicht sind *Mannschaftsspiele* mit 4 Kreuzen (XXXX), *Partnerspiele* mit 2 Kreuzen (XX) und *Einzelspiele* mit 1 Kreuz (X) gekennzeichnet.
Geht die Mannschafts- oder Partnerbildung einmal zahlenmäßig nicht auf, so bestimmt die Mannschaft mit der geringeren Mitgliederzahl einen Kegler, der die Mehrwürfe der Gegenmannschaft ausgleicht. Bei Partnerspielen muß in diesem Falle ein Kegler allein kegeln, selbstverständlich mit doppelter Wurfzahl.
Bei Ihrer Spielauswahl können Sie zusätzlich entscheiden, ob Sie nur in die Vollen kegeln, nur abräumen oder Spiele mit einer Kombination aus beiden Kegelarten durchführen möchten.
Ich bin bei der Beschreibung der Kegelspiele davon ausgegangen, daß vorwiegend eine Doppelbahn zur Verfügung steht. Sollte es aber vorkommen, daß nur auf einer Einzelbahn gekegelt wird, so müßten, wenn nötig, die Spielregeln diesem Umstand angepaßt werden, was sicherlich nicht zu große Schwierigkeiten bereiten wird.
Das leidige Abgleiten der Kugel von der Bahn wird regional sehr unterschiedlich bezeichnet, z. B. »Gosse«, »Bande«, »Rinne« oder »Pumpe«. Ich habe in diesem Buch den Begriff *Pumpe* für derartige Fehlwürfe benutzt.

Ich hoffe, daß die vor Ihnen liegenden 111 Kegelspiele zu einem spannenden und abwechslungsreichen Kegeln beitragen.

Gut Holz!

# Mannschaftsspiele in die Vollen

## Feind hilft mit **XXXX**

Die Körperteile der beiden Schmetterlinge sind durch einzelne Würfe in die Vollen zu erkegeln.
Die Mannschaften losen die Schmetterlinge vorher aus. Jeder Kegler hat immer nur 1 Wurf.
Fallen bei einem Wurf einmal Holzzahlen, die man selbst nicht, die aber der Gegner gebrauchen kann, so kann dieser das Ergebnis für sich verwerten. Er wird sicher für diese unfreiwillige Hilfe dankbar sein.
Sieger ist die Mannschaft, die mit der niedrigeren Wurfzahl den Schmetterling vollständig erkegelt hat.

*Tafelbild:*

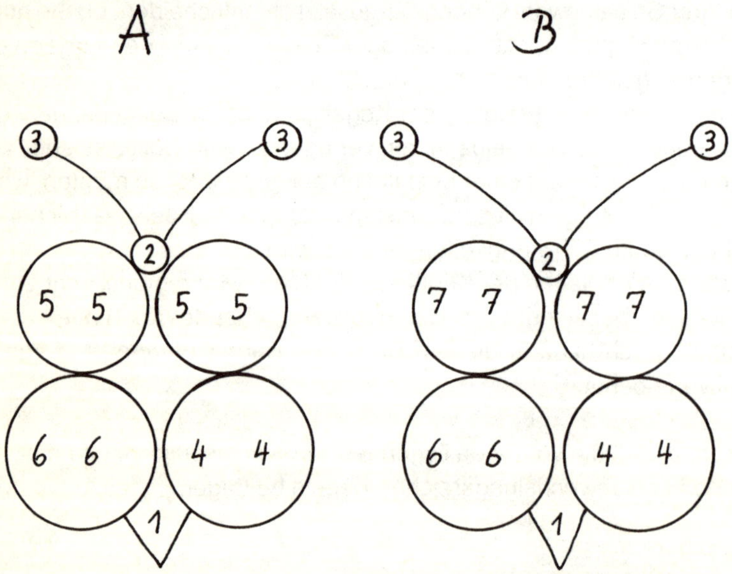

## Letzte Chance 111 XXXX

Beide Mannschaften kegeln in die Vollen, bis 125 Holz. Jeder Kegler hat 2 Wurf hintereinander.
Hat eine Mannschaft schon das Ziel erreicht und wähnt sich als Sieger, so hat das bis dahin unterlegene Team doch noch eine Chance, wenn es ihm gelingt, genau die Holzzahl 111 zu treffen. In dem Fall fällt der Sieg dieser Mannschaft zu.
Diese Möglichkeit fordert in der 2. Spielhälfte zu sorgfältigen taktischen Überlegungen auf.

## Fieberkurve XXXX

Ausgangspunkt für beide Mannschaften sind 30 Holz, die durch Würfe in die Vollen erkegelt werden.
Werden 30 Holz überkegelt, ist dies zum Nachteil für die Mannschaft, denn dann ist die höhere Zahl Ausgangspunkt.
Ziel des Spiels ist es, durch Würfe in die Vollen das Ansteigen der »Fieberkurve« auf 42 Punkte zu verhindern. Bei jedem Wurf, dessen Ergebnis nicht 5 oder 7 Holz beträgt, steigt die »Fieberkurve« um 2 Punkte. Bei Ergebnissen von 5 und 7 Holz fällt sie um 3 Punkte.
Die Mannschaft, deren »Kurve« auf 42 Punkte gestiegen ist, hat verloren.
Sollte das nach 25 Würfen bei keiner Mannschaft der Fall sein, hat das Team gewonnen, das die niedrigere Punktzahl vorweisen kann.
Die Mannschaftsmitglieder kegeln abwechselnd.

*Tafelbild:* Mannschaftentabelle.

## Achtung 5 XXXX

Es geht in die Vollen bis 100. Jeder Kegler hat immer nur 1 Wurf.
Hüten muß man sich aber vor einem Wurfergebnis von 5 Holz, denn die werden dem Gegner zugeschrieben.
Bei einem Wurfergebnis von 2 Holz dagegen erhält man 10 Punkte zusätzlich als Bonus.
Sieger ist die Mannschaft, die zuerst 100 Punkte überschreitet.
Es versteht sich, daß immer parallel gekegelt werden muß.

*Tafelbild:* Mannschaftentabelle.

## Leithammel XXXX

Jede Mannschaft wählt einen Vorkegler, der 3mal in die Vollen wirft.
Die Mannschaftsmitglieder haben nun die Aufgabe, die 3 Wurfergebnisse ebenfalls durch 3 Würfe in die Vollen zu wiederholen. Die Reihenfolge spielt dabei keine Rolle.
Für jeden übereinstimmenden Wiederholungswurf erhält die Mannschaft 1 Punkt. Jeder Kegler kann somit maximal 3 Punkte für seine Mannschaft erzielen.
Sieger ist die Mannschaft, die am häufigsten die vorgelegten Wurfergebnisse wiederholen konnte.

*Tafelbild*: Mannschaftentabelle.

## Tiefer Abgrund XXXX

Beide Mannschaften kegeln auf einer Bahn abwechselnd in die Vollen. Jeder Kegler hat immer nur 1 Wurf.
Die Mannschaft, deren Kegler zuerst über die »Abgrundkante« von 55 Holz hinauswirft, hat verloren.
Vom 40. Holz an kommt 3 Wurfergebnissen aber eine besondere Bedeutung zu.
Eine 7 bewirkt, daß der Kontostand unverändert bleibt.
Bei einer 3 werden 3 Holz abgezogen.
Bei einer 4 darf die Mannschaft einmal aussetzen.
Pumpenwürfe müssen wiederholt werden. 3 Pumpen hintereinander bringt die Mannschaft um 10 Holz voran und wahrscheinlich in den Abgrund.

*Tafelbild:* Punktetabelle.

## 51 tot XXXX

Beide Mannschaften kegeln in die Vollen. Jeder Kegler hat immer nur 1 Wurf.
Die Mannschaft, die zuerst 50 Holz überschreitet, hat verloren, doch nicht alle Wurfergebnisse zählen vorwärts.
Ab einem Kontostand von 30 Holz bleibt bei einer 7 der Stand unverändert, bei einer 3 werden sogar 3 Holz abgezogen, und bei einer 4 darf die Mannschaft einmal aussetzen.
Pumpenwürfe müssen wiederholt werden. 3 Pumpen hintereinander werden mit 7 Strafpunkten geahndet.
Der Kampf muß genau parallel durchgeführt werden.

*Tafelbild:* Punktetabellen für Mannschaften.

## Hully Gully **XXXX**

Es geht drunter und drüber bis 150 Holz in die Vollen. Jeder hat 2 Wurf hintereinander.

Und das passiert unterwegs:

| | |
|---|---|
| Bei genau 13 | Holz muß 1 DM Strafgeld pro Mannschaftsmitglied in die Kegelkasse gezahlt werden. |
| Bei genau 40 | Holz gibt der »Glückspilz« seiner Mannschaft eine Runde aus. |
| Bei genau 55 | Holz wird noch einmal von vorne begonnen. |
| Bei genau 77 | Holz macht der Pechvogel 20 Kniebeugen. |
| Bei genau 90 | Holz macht die Mannschaft eine Zwangspause von 2 Würfen. |
| Bei genau 111 | Holz ist das Spiel vorzeitig gewonnen. |
| Bei genau 112 | Holz erhält die gegnerische Mannschaft eine Runde nach Wahl. |
| Bei genau 113 | Holz muß 1 DM Strafgeld je Mannschaftsmitglied in die Kegelkasse gezahlt werden. |
| Bei genau 150 | Holz darf der Sieger entscheiden, ob das Spiel wiederholt wird, und trinkt auf Kosten des Verlierers und auf dessen Wohl eine Runde. |

Werden 150 Holz überkegelt, ist das Spiel ganz schlicht beendet.

## Kuhstall **XXXX**

Jede Mannschaft soll 3 Superkühe melken, die jeweils 40 Liter Milch geben können.
Das Melken geschieht durch Würfe in die Vollen.
Es darf bei allen Kühen gleichzeitig begonnen werden. Jeder hat immer nur 1 Wurf.
Ist eine Kuh ganz leer, so erhält die Mannschaft einen Bonus von 10 Punkten.
Gewonnen hat die Mannschaft, die mit 30 Würfen die meiste Milch in ihrer Wanne hat.
Eventuelle Zusatzpunkte müssen natürlich addiert werden.

*Tafelbild:*

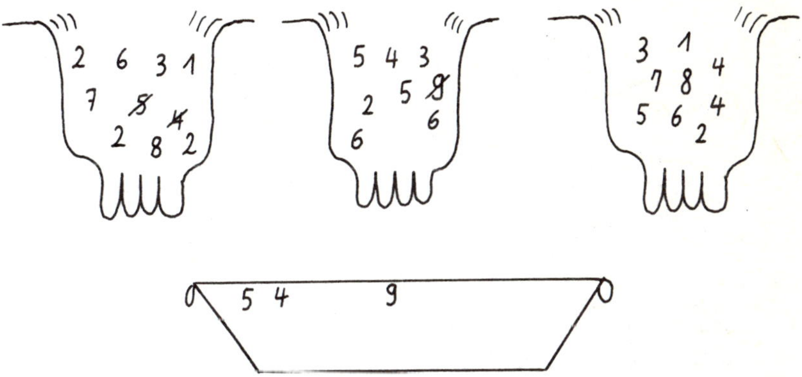

## Schiffe versenken XXXX

Zwei Flotten stehen sich gegenüber.
Die Flotten beschießen sich durch Salven, durch je 1 Wurf in die Vollen pro Mannschaftsmitglied.
Die durch die Kegelergebnisse getroffenen Geschütztürme werden ausgewischt.
Nach jedem Schlagabtausch erfolgt eine »Reparaturphase« in Form eines weiteren Durchgangs mit je 1 Wurf in die Vollen.
Für jede 4, die dabei gekegelt wird, kann ein ausgefallenes Geschütz der eigenen Wahl neu installiert werden.
Schiffe, die keine Türme mehr haben, gelten als versenkt und werden weggewischt.
Ohne Schiff ist man verloren.

*Tafelbild:* 2 Flotten

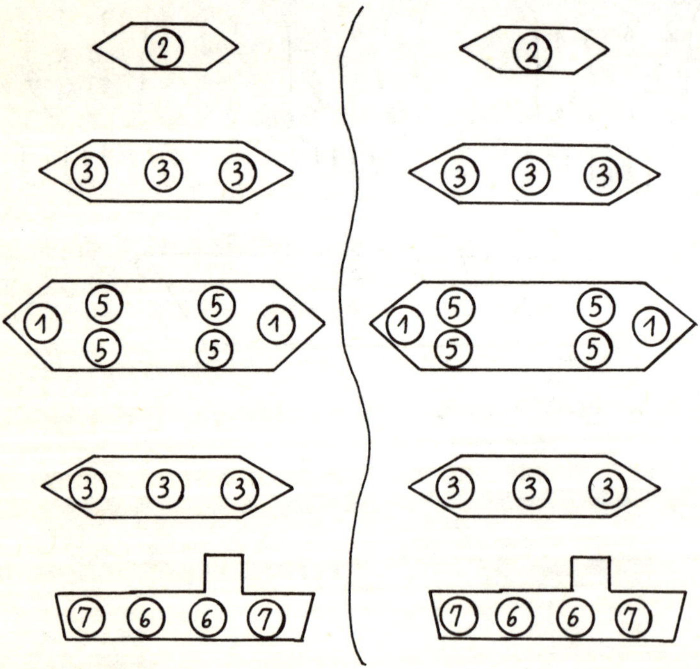

## Deutschlandreise XXXX

Auf dieser Reise kegeln die Teilnehmer abwechselnd in die Vollen. Die Reise beginnt in Hamburg. Der Zug fährt allerdings mit einer Verspätung ab, die so groß ist, wie es dauert, 2mal 3 Holz zu kegeln.
Sie führt dann über Hannover (30 Holz), Kassel (20 Holz), Würzburg (20 Holz), Nürnberg (30 Holz) bis nach München (40 Holz).
In den Städten sind kleinere Aufenthalte eingeplant (siehe Erläuterungen an der Strecke).
Es ist klar: Wer zuerst in München 2 Maß getrunken hat, hat auch gewonnen.
Hinweis:
Die Entfernungen von Stadt zu Stadt brauchen nicht genau erkegelt zu werden. Die Zahlen sind eine Mindestangabe.

*Tafelbild:*
Fahrtstrecke mit Erläuterungen.

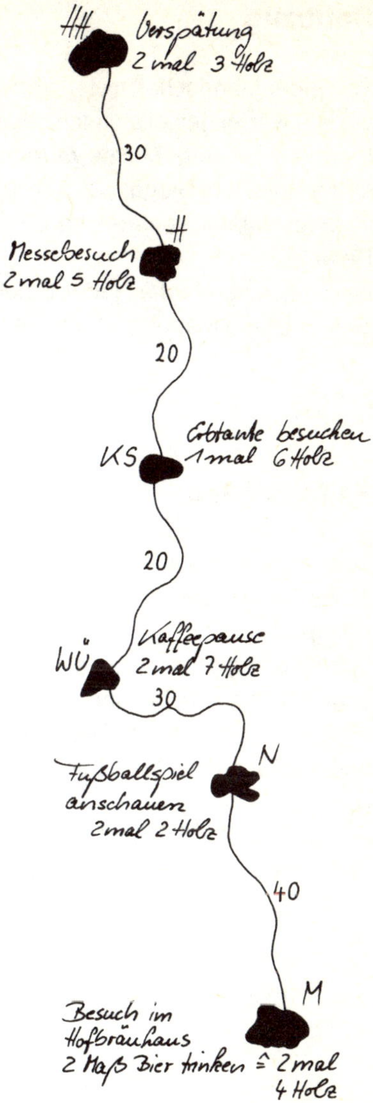

## Raubzug XXXX

Von jeder Mannschaft treten immer 2 Kegler unmittelbar gegeneinander an. Sie werfen jeweils gleichzeitig auf den 2 Bahnen 2mal in die Vollen. Beide Gesamtergebnisse werden verglichen, und der Unterlegene muß seine Holz dem Sieger zusätzlich überlassen. Die Siegerpunkte werden in einer Tabelle festgehalten, und das nächste Keglerpaar ist an der Reihe.
Bei Gleichstand erhält jeder Spieler seine Punkte gutgeschrieben.
Sieger ist die Mannschaft mit der höchsten Gesamtpunktzahl.

*Tafelbild:* Mannschaftentabelle.

## Fallenstellen XXXX

100 Holz ist die Ziellinie. Jeder Mannschaftskegler hat immer nur 1 Wurf in die Vollen. Die Würfe müssen bei beiden Mannschaften zeitgleich erfolgen.
Vor Spielbeginn notieren sich die Mannschaften verdeckt 8 Zahlen zwischen 0 und 100, die sogenannten Fallen. Trifft die gegnerische Mannschaft auf eine solche Falle, so ist der entsprechende Kegler gefangen und muß ausscheiden. Seine Würfe fallen damit für das gesamte weitere Spiel aus.
Die andere Mannschaft hat von da an je Durchgang 1 Wurf mehr, es sei denn, sie wird ebenso irgendwo erwischt.
Achtung: In einem Zehner dürfen nicht mehr als 2 Fallen gestellt werden.

## Elfer raus **XXXX**

Ziele sind die Zahlen der Elferreihe von 11 bis 99.
Die Kegler sollen durch Würfe in die Vollen versuchen, auf dem Weg bis 100 Holz möglichst viele Zahlen dieser Reihe zu treffen.
Es wird abwechselnd gekegelt.
Die Anzahl der getroffenen Elfer entscheidet über den Spielausgang.
Bei Gleichstand gewinnt die Mannschaft mit der geringeren Wurfzahl.

*Tafelbild:* Mannschaftentabelle.

## Sterngucken **XXXX**

Jedes Mannschaftsmitglied hat 3 Würfe in die Vollen, muß aber vor jedem Kegeln sein angestrebtes Ergebnis voraussagen. Außerdem müssen alle Voraussagen unterschiedlich sein.
Seine Erfolge werden der Mannschaft als Punkte gutgeschrieben.
Am Ende gewinnt das Team mit den besten hellseherischen Fähigkeiten.

*Tafelbild:* Mannschaftentabelle.

## Gratwanderung **XXXX**

Jede Mannschaft hat 40 Wurf in die Vollen, aber jedes 2. Wurfergebnis wird abgezogen.
Die »+«-Kegler und die »–«-Kegler müssen vor Beginn festgelegt werden, und das gesamte Spiel muß in der Festlegung verbleiben.
Sieger ist die Mannschaft, die die meisten Holz durchbringt.
Sollte es vorkommen, daß einmal mehr Holz abgezogen werden müssen als noch vorhanden sind, ist die entsprechende Mannschaft abgestürzt.
Bei »–«-Würfen zählt eine Pumpe 6 Holz.

*Tafelbild:* Mannschaftentabelle.

## Seifenkistenrennen **XXXX**

Hier muß die Strecke Nummer für Nummer mühsam mit jeweils 1 Wurf in die Vollen abgefahren werden, es sei denn, man hat das Glück oder das Können, sich eine der beiden Tunnelabkürzungen zu erkegeln (siehe Zeichnung).

*Tafelbild:*

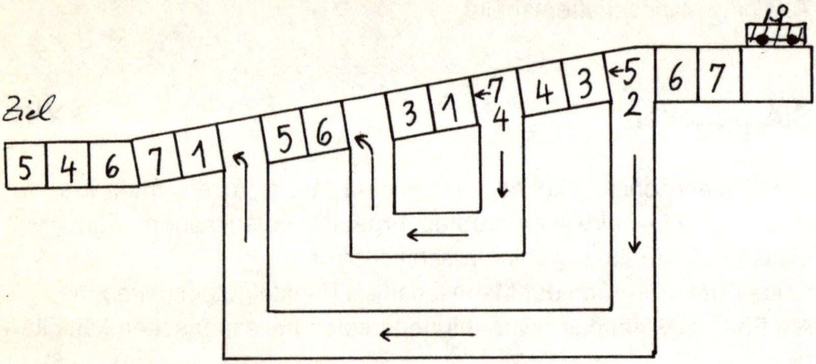


Der jeweilige Standort der beiden Mannschaften im »Rennen« kann durch »A« und »B« oder durch »O« und »X« gekennzeichnet werden.

## Staffellauf **XXXX**

Nach dem Startschuß muß jeder Läufer aus den Vollen 1mal 5 Holz kegeln, ganz gleich, wieviel Würfe er dazu benötigt. Erst wenn ihm das gelungen ist, kommt die Reihe an den nächsten seiner Mannschaft.
Der Spannung wegen soll immer parallel gekegelt werden.
Sieger ist die Mannschaft, die den Durchlauf zuerst, das heißt mit den wenigsten Würfen beendet hat.

# Mondflug

**XXXX**

Für jede Mannschaft wird eine Rakete laut Montageplan, jedoch ohne Zahlen, gezeichnet. Werden die vorgegebenen Zahlen getroffen, so werden sie in das Tafelbild eingetragen.
Pro Stufe können je nach Mannschaftsstärke ein oder mehrere Kegler als »Monteure« eingesetzt werden. Sie müssen zu Beginn festgelegt werden.
Es wird in die Vollen gekegelt, mit Ausnahme der Raumschiffstufe 9, die durch 2 Wurf Abräumen montiert wird.
Jeder Kegler hat 2 Wurf hintereinander.
Ist eine Stufe fertig, kann der frei gewordene »Monteur« bei anderen Stufen mithelfen.
Sobald die Rakete startklar ist, geht sie auf die Reise zum Mond.
Die Entfernung beträgt genau 111 Holz.
Sieger ist das Team, das für Bau und Reise die niedrigste Wurfzahl benötigt.

*Tafelbild:*

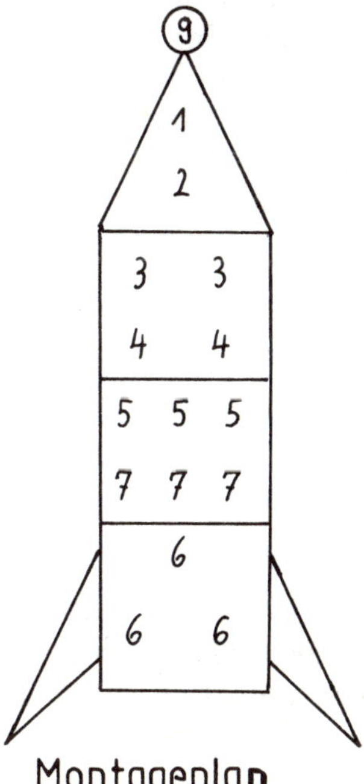


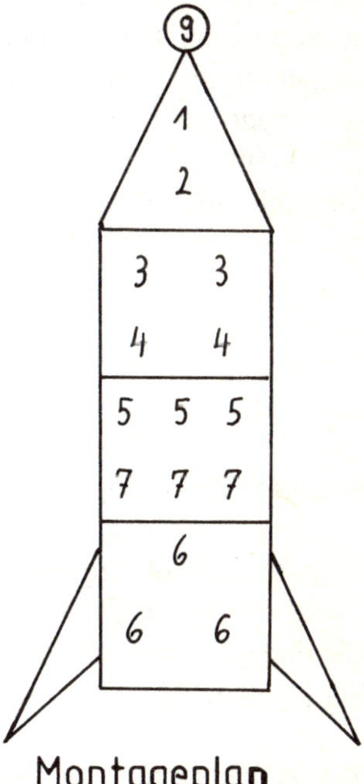

## Ringkampf XXXX

Die Kämpfer beider Mannschaften kegeln gleichzeitig. Jeder hat 5 Wurf in die Vollen.

Nach jedem Wurf werden die Ergebnisse verglichen, und nur das höhere wird notiert. Die Holz des unterlegenen Keglers fallen weg.

So bringt jedes Mannschaftsmitglied aus seinem Kampf ein Ergebnis mit.

Alle Einzelergebnisse zusammengezählt ergeben den Endpunktestand, der über Sieg oder Niederlage entscheidet.

*Tafelbild:* Mannschaftentabelle.

## Wahrsagerei XXXX

Jeder Kegler hat pro Durchgang 2 Wurf in die Vollen. Er sollte aber hellseherische Fähigkeiten besitzen, denn er muß vor dem 1. Wurf das Gesamtergebnis beider Würfe voraussagen. Gelingt ihm das, oder ist sein Ergebnis noch höher, so wird die vorausgesagte Holzzahl mit sich selbst multipliziert und der Mannschaft als Punktestand notiert.

Beispiel: Voraussage: 13<br>
1. Wurf 6, 2. Wurf 7<br>
Gesamtergebnis: 6 + 7 = 13<br>
Punkterechnung: 13 x 13 = 169 Punkte

Erreicht der Kegler seine vorausgesagte Holzzahl nicht, so erhält die Mannschaft nur die tatsächlich gekegelten Holz als Punkte gutgeschrieben.

Beispiel: Voraussage: 13<br>
1. Wurf 6, 2. Wurf 5<br>
Gesamtergebnis: 6 + 5 = 11<br>
Punkterechnung: 11 Punkte

Die Punkte der Mannschaftsmitglieder werden sofort addiert.

Sieger ist die Mannschaft, die als erste 2000 Punkte überschreitet.

*Tafelbild:* Mannschaftentabelle.

# Tankerspiel **XXXX**

Jede Mannschaft hat einen leeren Tanker zu füllen. Die Füllung besteht aus Zahlen von 1 bis 7, die aus den Vollen gekegelt werden müssen. Jeder Kegler hat 2 Wurf hintereinander.
Ist der Tanker voll, muß er über eine Strecke von 100 Holz genau in einen anderen »Hafen« gekegelt und dort auf dieselbe Art entladen werden, wie er beladen worden ist. Werden 100 Holz überkegelt, ist der nächste Wurf rückwärts zu rechnen.
Sieger ist die Mannschaft, die für Beladen, Fahrt und Entladen die wenigsten Würfe benötigt hat.

*Tafelbild:*

A

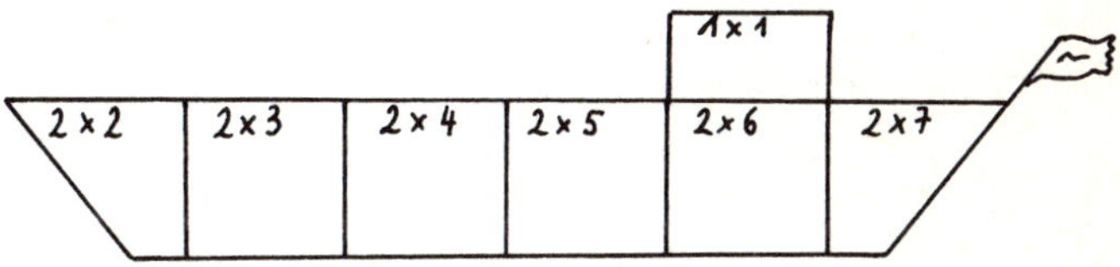


B

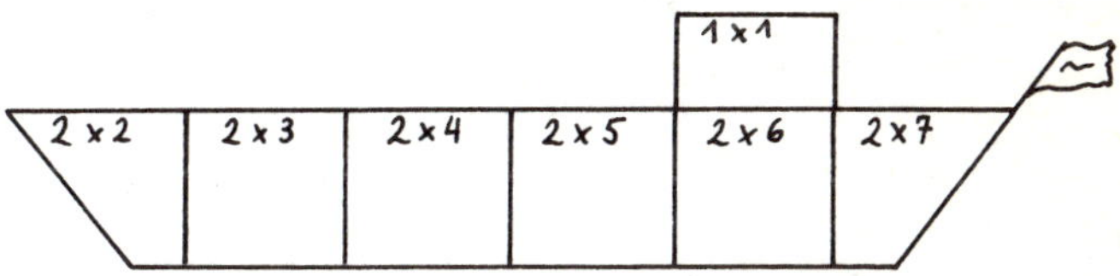

## Panzerschlacht

In diesem Gefecht hat jeder Kegler seinen Kegelpanzer. Er kämpft damit gegen jeden Spieler der anderen Mannschaft. Sein Erfolg hängt von den 2 Würfen in die Vollen ab, die er pro Durchgang hat.
Zunächst müssen die »Panzer« durch Würfe mit 3 und 4 Holz »einsatzbereit« gemacht werden (siehe Zeichnung).
Danach sind beim Gegner Sperren in Form von Sechsen wegzuräumen. Nur ein so entblößter gegnerischer »Panzer« kann ausgeschaltet werden, jedoch erst, wenn die 2 Würfe eines Keglers addiert genau 9 Holz ergeben.
Ausgefallene »Panzer« werden ausgewischt.
Sieger ist die Mannschaft, die den letzten einsatzbereiten Kegelpanzer hat.

*Tafelbild:*

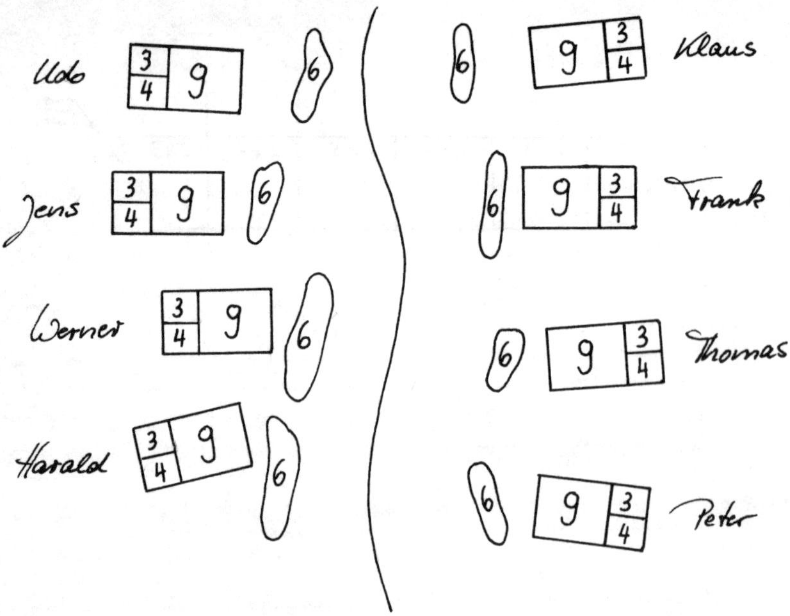

## Schottenneuner **XXXX**

Die Zahlen von 1 bis 9 sind auf möglichst sparsame Weise zu erkegeln. Jeder Kegler hat dazu 2 Wurf in die Vollen pro Durchgang.
Jeder Wurf kann einzeln genutzt werden, oder beide Würfe können durch jede Art von Rechnungen (+ – x :) zu einem Ergebnis verwertet werden.

Beispiel: Eine 6 kann erkegelt werden durch:
1 x 6 oder 1 + 5
2 + 4
3 + 3
2 × 3
7 – 1
8 – 2
9 – 3

Sieger ist die Mannschaft, die mit den Würfen am sparsamsten umzugehen verstand.

*Tafelbild:*

| A | B |
|---|---|
| 1 | 1 |
| 2 | 2 |
| 3 | 3 |
| 4 | 4 |
| 5 | 5 |
| 6 | 6 |
| 7 | 7 |
| 8 | 8 |
| 9 | 9 |

## Nürburgring **XXXX**

Mit 2 Wurf in die Vollen pro Kegler geht es in den Rundkurs. Nach dem 1. Abschnitt, bei dem mindestens 40 Holz erkegelt werden müssen, kommt eine Schikane. Sie besteht aus zwei Siebenen, die erst gekegelt werden müssen, bevor das Rennen weitergehen kann.
Den weiteren Rennverlauf kann man aus der Zeichnung des Rundkurses entnehmen.
Die Entfernungen zwischen den Schikanen sind Mindestangaben.
Sieger ist die Mannschaft, die mit der geringsten Wurfzahl das Ziel durchfährt.

*Tafelbild:*

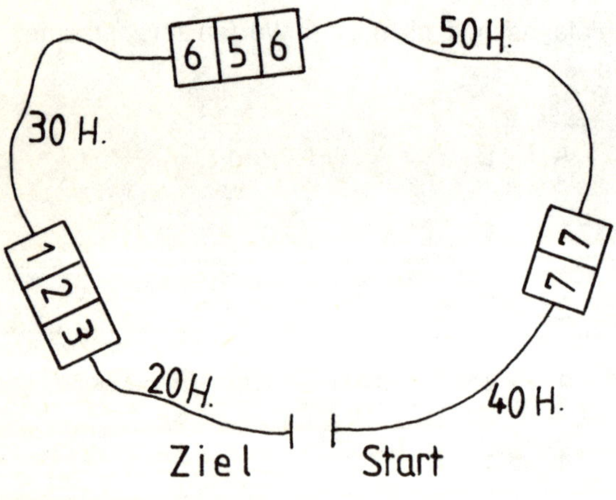

## Hindernisrennen **XXXX**

um 10,– DM für die Kegelkasse

Der Erfolg bei diesem Rennen hängt maßgeblich davon ab, wie es einer Mannschaft gelingt, abwechselnd gerade und ungerade Holzzahlen zu kegeln.
Pro Kegler sollte immer 2 Wurf hintereinander gemacht werden.
Die Hindernisse bestehen aus Zahlen, die genau gekegelt werden müssen.
Es bietet sich aber die Möglichkeit, die Hindernisse zu umgehen, indem man sich für 1,– DM in die Kegelkasse davon freikauft.
g = gerade
u = ungerade

*Tafelbild:*

## Sackkegeln **XXXX**

Beim Sackkegeln geht es in die Vollen. Jedes Mannschaftsmitglied hat 2 Wurf pro Durchgang. Dabei zählen

| | |
|---|---|
| 1 – 5 Holz | 5 Punkte |
| 6 Holz | 10 Punkte |
| 7 Holz | 15 Punkte |
| 8 Holz | 20 Punkte |
| 9 Holz | 25 Punkte |
| Kranz | 30 Punkte |

Nach einem Durchgang werden die Punkte jeder Mannschaft addiert. Die bessere erhält nun die Punkte der unterlegenen Mannschaft als Bonus dazu, und der nächste Durchgang beginnt.
Sieger ist die Mannschaft, die zuerst 450 Punkte überschreitet.
Haben beide Mannschaften nach einem Durchgang gleiche Punktzahlen, so kommen diese in einen »Sack«, der als zusätzlicher Gewinn im unmittelbar folgenden Durchgang winkt.

*Tafelbild:* Mannschaftentabelle.

## Niedrige Hausnummer **XXXX**

In diesem Spiel geht es darum, durch Würfe in die Vollen möglichst niedrige Ziffern für eine »Hausnummer« zu kegeln.
Jedes Mannschaftsmitglied hat 1 Wurf. Sein Ergebnis muß sofort in der »Hausnummer« plaziert werden. Stellentausch ist später nicht mehr möglich.
Die kleinste »Hausnummer« hat gewonnen.

*Tafelbild:* Mannschaften mit je 6 Keglern

| | | | | | | |
|---|---|---|---|---|---|---|
| A | 1 | | | | | |
| B | | | | | | 7 |

# Verladebahnhof XXXX

Bei diesem Kegelspiel entsprechen die gekegelten Holz in die Vollen einer bestimmten Tonnage (siehe Wertungstabelle).
Es gilt, Güterwaggons mit einem Fassungsvermögen von geau 20 t zu beladen.
Jede Mannschaft hat dazu 40 Wurf.
Es dürfen aber gleichzeitig nicht mehr als 3 Waggons beladen werden.
Gewonnen hat die Mannschaft mit den meisten vollbeladenen Güterwagen. Bei einem Gleichstand entscheidet der Ladezustand der noch unvollständig beladenen Waggons.
Wertung der gekegelten Holz:

| Holz | Tonnage |
|---|---|
| 1 | 2 t |
| 2 | 7 t |
| 3 | 2 t |
| 4 | 5 t |
| 5 | 1 t |
| 6 | 6 t |
| 7 | 3 t |
| 8 | 4 t |
| 9 | 10 t |

*Tafelbild:*

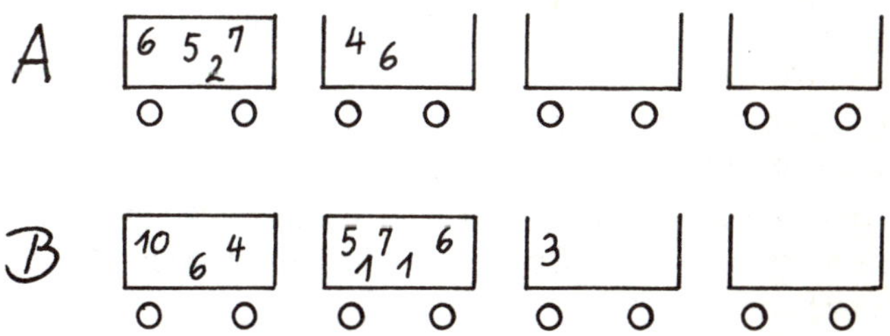

## Hohe Hausnummer **XXXX**

Bei diesem Kegelspiel geht es darum, durch Würfe in die Vollen möglichst hohe Ziffern für eine »Hausnummer« zu kegeln.
Jedes Mannschaftsmitglied hat 1 Wurf.
Das Ergebnis muß sofort danach in der »Hausnummer« plaziert werden.
Stellentausch ist später nicht mehr möglich.

*Tafelbild:* Mannschaften mit je 6 Mitgliedern

| | | | | | | |
|---|---|---|---|---|---|---|
| A | | | | 4 | | |
| B | 9 | | | | | |

## Mensch ärgere dich nicht **XXXX**

Der Wettkampf der beiden Mannschaften besteht darin, durch abwechselnde Würfe in die Vollen 3mal genau 40 Holz zu kegeln.
Wird dabei die Zahl 40 überschritten, findet der letzte Wurf keine Berücksichtigung. Wenn eine Mannschaft die 40 Holz genau erkegelt hat, kann sie sich 1 Punkt notieren und beginnt bei 0 wieder aufs Neue.
Die gegnerische Mannschaft kann aber diesen Spielverlauf empfindlich stören. Gelingt es ihr nämlich, auf dem Wege zur 40 einmal dieselbe Zahl zu erreichen, wie ihr Gegner, ist dieser gefangen und muß von vorne bei 0 beginnen.
Somit spielt auch die Taktik im Verlauf des Spiels eine nicht unerhebliche Rolle.
Gesiegt hat die Mannschaft, die 3 Punkte vorweisen kann, also 3mal genau 40 Punkte erkegelt hat.

*Tafelbild:* Mannschaftentabelle.

## Kegelbillard 99 XXXX

Beim Kegelbillard gibt es keine Wurfzahlbegrenzung. Jede Mannschaft kann so lange in die Vollen kegeln, wie sie gültige Holzzahlen erreicht. Gültig sind alle *ungeraden* Zahlen (1, 3, 5, 7, 9).
Fällt eine *gerade* Holzzahl, wird das bis dahin erzielte Ergebnis in einer Tabelle festgehalten, und die andere Mannschaft ist an der Reihe.
So wechseln sich die Mannschaften ab, bis eine mit 99 Holz den Sieg errungen hat.

*Tafelbild:* Mannschaftentabelle.

## Handicap XXXX

Mit 3 Wurf in die Vollen soll jeder Mannschaftskegler möglichst viel Holz einbringen.
Doch nur die ersten beiden Ergebnisse werden addiert, das Ergebnis des letzten Wurfs wird jeweils abgezogen.
Sieger ist die Mannschaft mit dem höchsten Gesamtergebnis.

*Tafelbild:* Mannschaftentabelle.

## Die glorreichen Zehner XXXX

Beide Mannschaften kegeln in die Vollen bis 101 Holz. Das Kegeln muß gleichzeitig erfolgen.
Die Mannschaften haben dabei jedoch die Möglichkeit, ihre Gegner empfindlich zu behindern, denn treffen sie genau die Zehnerzahlen 10, 20, 30 usw. bis 100, so muß der Gegner einmal aussetzen.

## Holzfresserspiel XXXX

Beim Holzfressen kämpfen jeweils 2 Kegler unmittelbar gegeneinander. Das Spiel gliedert sich in 2 Phasen.
In der 1. Phase kegeln die Kegler der Mannschaft A je 2 Wurf in die Vollen.
Nach jedem Wurf versucht der Gegenkegler der anderen Mannschaft dieselbe Holzzahl zu erreichen. Gelingt ihm das, sind die vorgelegten Holz der Mannschaft A »gefressen«, also verloren. Gelingt ihm das nicht, wird das Ergebnis aus den 2 Würfen in einer Tabelle für die Mannschaft A gutgeschrieben, und der nächste Kegler versucht sein Glück.
Sind alle Spieler der Mannschaft A durch, werden die durchgebrachten Holz zusammengezählt.
In der Phase 2 legen die Kegler der Mannschaft B je 2 Wurf in die Vollen vor. Deren Holz können jetzt von der Mannschaft A »gefressen« werden.
Am Ende hat die Mannschaft gewonnen, die die meisten Holz durchgebracht hat.

*Tafelbild:* Mannschaftentabelle.

## Berg- und Talfahrt XXXX

Die Bergfahrt besteht aus 18 Wurf in die Vollen, deren Holz zusammengezählt werden, die Talfahrt aus 18 Wurf in die Vollen, deren Holz vom Ergebnis der Bergfahrt abgezogen werden.
Jedes Mannschaftsmitglied hat 3 Wurf hintereinander.
Die Kegler für die Berg- und die Kegler für die Talfahrt sind vor Spielanfang zu benennen.
Eine Pumpe bei der Bergfahrt zählt 0, bei der Talfahrt 9 Holz.
Sieger ist die Mannschaft mit dem höchsten Endstand.

*Tafelbild:* Mannschaftentabelle.

## Dauerlauf XXXX

Der Dauerlauf der beiden Mannschaften besteht aus einem Kegeln in die Vollen bis 500 Holz.
Jeder Kegler hat 2 Wurf unmittelbar hintereinander.
Unterwegs liegen für die Läufer aber Überraschungen bereit, und zwar:

bei genau 100 200 300 400 ein Bonus von 30,
bei genau 111 222 333 444 ein Bonus von 50,
bei genau 150 250 350 450 ein Malus von 50,
bei 101 muß noch einmal von vorne begonnen werden.

Um die Spannung in dem Spiel zu erhalten, sollten die Mannschaften gleichzeitig kegeln.

*Tafelbild:* Bonus-Malus-Tabelle für die Mannschaften.

# Mannschaftsspiele mit Abräumen

## **Kuckucksei** **XXXX**

Es ist ein Abräumspiel. Fünfmal sollen alle Neune abgeräumt werden. Die Kegler haben jeweils 2 Wurf hintereinander.
Aber aus jeder Mannschaft versucht einer, der vorher benannt wird, dem gegnerischen Team Kuckuckseier in Form zusätzlicher Neunen ins Nest zu legen.
Das gelingt immer dann, wenn er mit 2 Wurf in die Vollen eine Gesamtholzzahl von genau 9 kegelt.
Nach jeder abgeräumten Neun der eigenen Mannschaft hat er dazu einen Versuch.
Gewonnen hat die Mannschaft, die alle Neunen zuerst abgeräumt hat oder nach 50 Würfen weniger Neunen abräumen muß, als ihr Gegner.

*Tafelbild:*

| | A | | | B | |
|---|---|---|---|---|---|
| 9 | | 9 | 9 | | 9 |
| | 9 | | | 9 | |
| 9 | | 9 | 9 | | 9 |

## Glückliche Hand **XXXX**

Das Spiel besteht aus 5 Durchgängen.
In jedem Durchgang wird fortlaufend abgeräumt, dabei hat jeder Kegler 2 Wurf hintereinander.
Die erzielten Holz im 1. Durchgang zählen einfach, die im 2. doppelt, im 3. dreifach, im 4. vierfach und die im 5. fünffach.
Außerdem kann jede Mannschaft Zusatzpunkte mit einem Joker erzielen. Den Joker zu setzen bedeutet, daß die Mannschaft sich zutraut oder hofft, in diesem ausgesuchten Durchgang besser zu sein, als die gegnerische Mannschaft. Gelingt das, erhält sie deren erkegelte Holz zusätzlich als Bonus gutgeschrieben.
Sieger ist das Team mit der höheren Endpunktzahl.

*Tafelbild:* Mannschaftentabelle.

## Königsspiel **XXXX**

Bei diesem Spiel darf wie beim Schach der König nicht fallen.
Die Kegler wechseln sich nach jedem Wurf ab.
Ziel ist es, 6mal alle Holz bis auf den König abzuräumen. Fällt der König mit, ist neu aufzustellen und von neuem zu beginnen.
Sieger ist die Mannschaft, die dazu die wenigsten Würfe benötigt.

*Tafelbild:*

A B

K K
K K
K K
K K
K K
K K

## Hohle Nuß **XXXX**

Das Knacken der hohlen Nüsse geschieht durch Abräumen.
Jede Mannschaft hat vorerst 6 Stück davon.

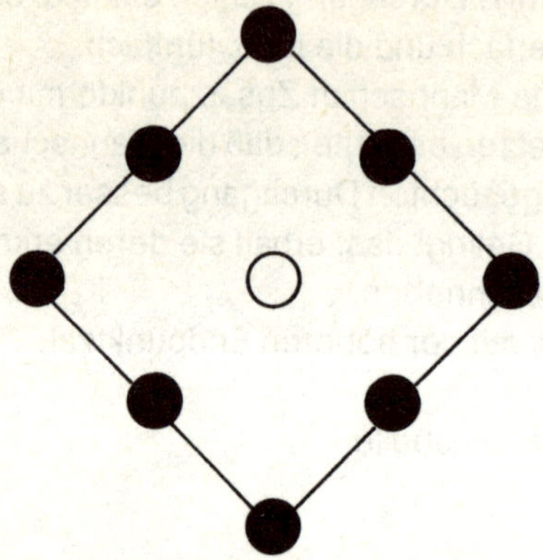

Die Mannschaften können jedoch weitere Nüsse vorgesetzt bekommen, wenn es den Gegnern gelingt, mit einem Wurf das Bild abzuräumen (jedesmal 1 zusätzliche Nuß).
Die Kegler der Mannschaften kegeln abwechselnd.
Die Mannschaft, die mit der niedrigeren Wurfzahl alle Nüsse geknackt hat, ist Sieger und somit der bessere Nußknacker.

*Tafelbild:* Mannschaftentabelle.

## Kegelfußball **XXXX**

Bei dieser Art von Fußball wird die Kegelanlage auf »2 Wurf Abräumen« gestellt.
Das Spiel besteht aus den Versuchen, jedesmal genau 8 Holz abzuräumen, denn nur diese bringen den Ball dem gegnerischen Tor jeweils eine Station näher oder letztlich hinein.
Die Mannschaften kegeln abwechselnd.
Mit wie vielen Toren eine Mannschaft gewonnen hat, ist vorher festzulegen.

*Tafelbild:*

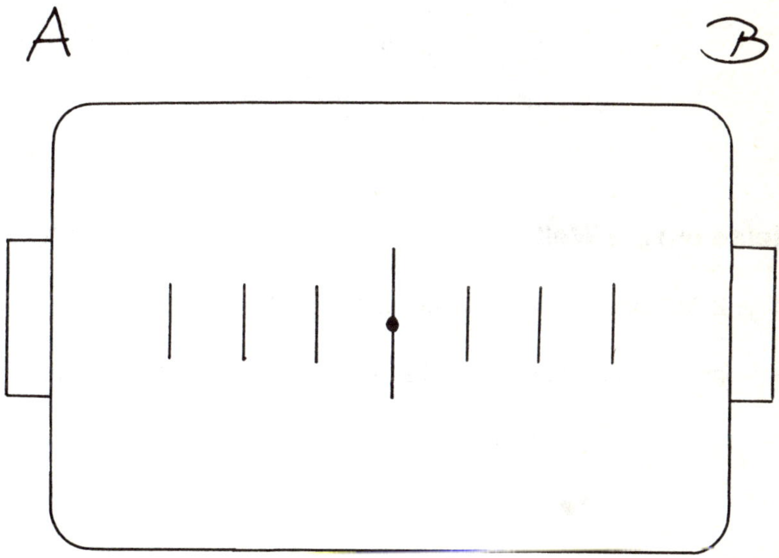

## Sabotage **XXXX**

Die Mannschaften sollen bei diesem Spiel 5 × alle 9 Holz abräumen. Die Mannschaften sabotieren aber einander, indem sie bei jedem Neuanfang den 1. Wurf in die Vollen des Gegners machen dürfen.
Jeder Kegler hat immer nur 1 Wurf.

*Tafelbild:*

| A | B |
|---|---|
| 9 9 | 9 9 |
| 9 | 9 |
| 9 9 | 9 9 |

## Reise um die Welt **XXXX**

Mit je 2 Wurf pro Kegler sind nebenstehende Bilder abzuräumen.

Gewonnen hat die Mannschaft, die dazu die wenigsten Würfe benötigt.

*Tafelbild:* entfällt bei automatischen Kegelbahnen.

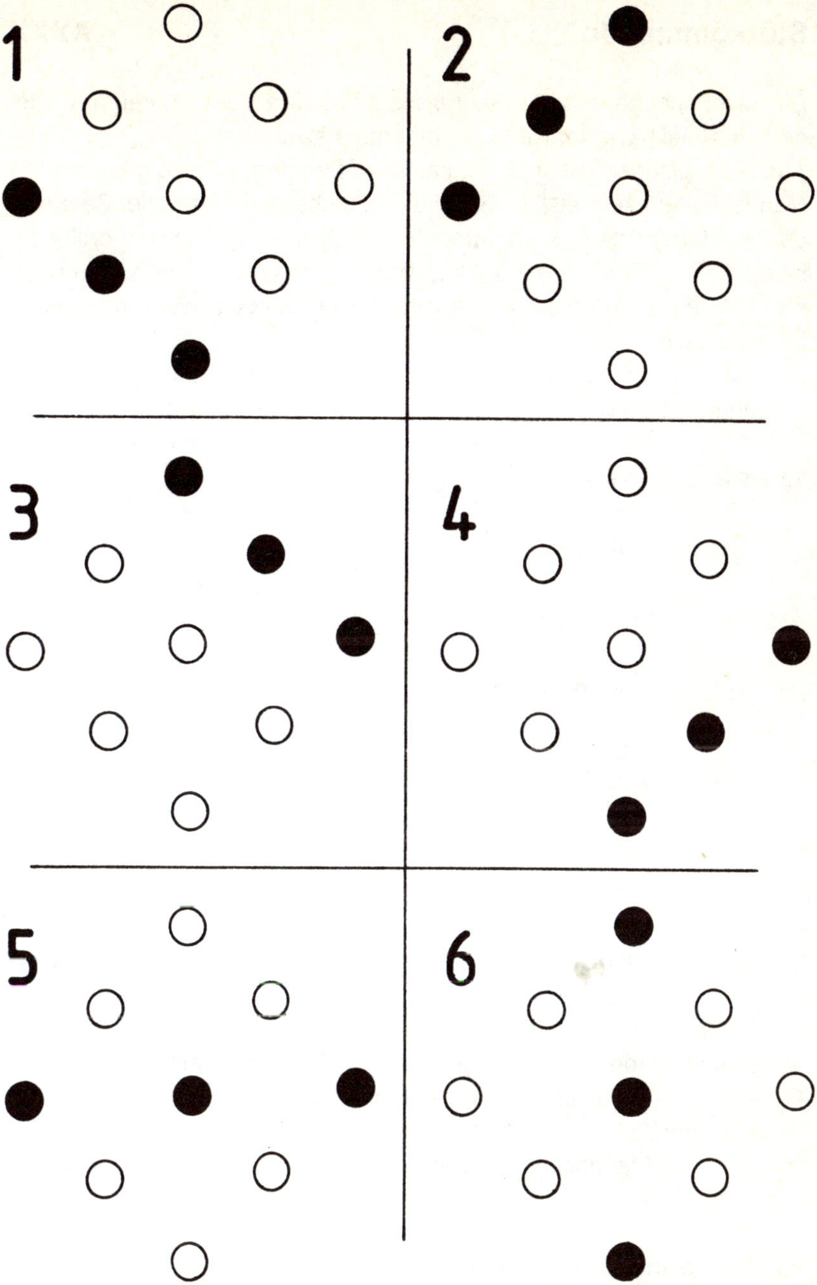
1
2
3
4
5
6

## Störkommando **XXXX**

Die Mannschaften sollen 6mal 8 Holz aus den Vollen abräumen. Bei diesem Spiel hat jeder Kegler immer nur 1 Wurf.
Aus jeder Mannschaft wird jedoch ein »Störenfried« in die gegnerische Mannschaft entsendet. Dieser hat die Aufgabe, wenn er an der Reihe ist, durch seine Würfe das Abräumen so erfolgshemmend wie möglich zu beeinflussen. Er kann mit seinem Wurf Bilder so verändern, daß noch mehr Würfe als normalerweise erforderlich benötigt werden, um das Spielziel zu erreichen.
Er muß den ihm zugewiesenen Platz in der gegnerischen Mannschaft einnehmen, behält ihn dann aber für die gesamte Spieldauer.

*Tafelbild:*

| A | | B | |
|---|---|---|---|
| 8 | 8 | 8 | 8 |
| 8 | 8 | 8 | 8 |
| 8 | 8 | 8 | 8 |

## Siebenholzspiel **XXXX**

Mit 30 Wurf pro Mannschaft sollen immer nur 7 Holz aus den Vollen abgeräumt werden. Jeder Kegler hat 2 Wurf hintereinander.
Für eine gültige 7 sind aber mindestens 2 Würfe vorgeschrieben.
Fallen schon 7 Holz beim 1. Wurf, muß von vorne begonnen werden.
Sieger ist die Mannschaft mit den meisten Siebenen. Das Traumergebnis wäre 15mal.

*Tafelbild:* Mannschaftentabelle.

## Rund ums Vorderholz **XXXX**

Ziel dieses Spiels ist es, aus den Vollen heraus alle Kegel bis auf das Vorderholz abzuräumen und das so oft, wie es mit der festzusetzenden Wurfzahl möglich ist.
Fällt einmal das Vorderholz mit, oder bleiben nur Vorderholz und König stehen, muß die Mannschaft alle Neun neu aufstellen.
Sieger ist die Mannschaft, die das angestrebte Ziel am häufigsten erreicht hat.
Bei Gleichstand geben beim letzten Bild die abgeräumten Holz den Ausschlag.

*Tafelbild:* Mannschaftentabelle.

## Jahresspiel **XXXX**

Bei diesem Wettkampf wird die Kegelanlage auf »2 Wurf Abräumen« gestellt.
Die Ergebnisse der Kegler aus beiden Würfen werden wie folgt gewertet:

| | |
|---|---|
| 1 – 6 Holz | 1 – 6 Punkte |
| 7 Holz | 14 Punkte |
| 8 Holz | 24 Punkte |
| 9 Holz | 36 Punkte |
| Kranz | 40 Punkte |
| Kranz Hand | 80 Punkte |
| 8 ums Vorderholz | 50 Punkte |

Die Punkte der einzelnen Kegler werden in einer Tabelle festgehalten und addiert.
Die Mannschaft, die zuerst bei gleicher Wurfzahl 365 Punkte erreicht oder überschreitet, hat gewonnen.

*Tafelbild:* Punktetabelle.

# Mannschaftsspiele mit Abräumen und Kegeln in die Vollen (Kombinationen)

## Obsternte **XXXX**

Mit 30 Würfen sollen so viel »Früchte« wie möglich vom Baum jeder Mannschaft gepflückt werden.
Für die »Früchte« mit 8 und 9 darf auf »2 Wurf Abräumen« gestellt werden.
Sieger ist die Mannschaft, die die höchste Punktzahl im Korb hat.

*Tafelbild:*

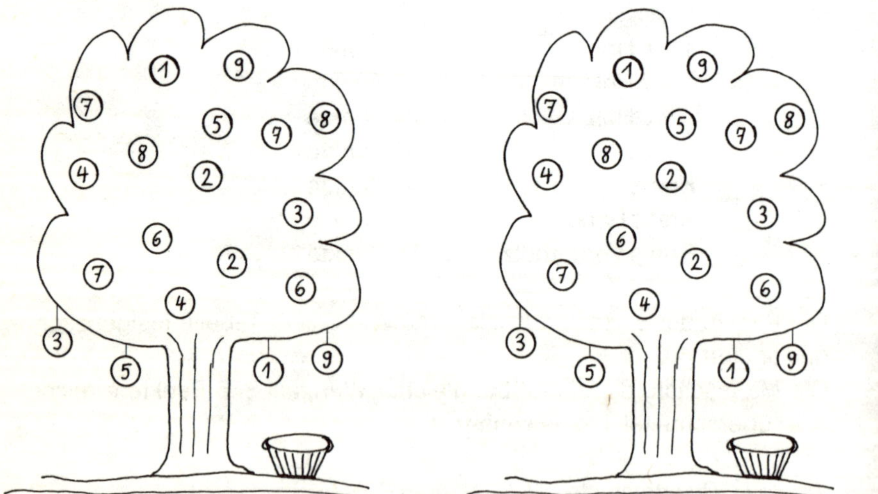

## Christbaumkegeln **XXXX**

Die Teile des Lichterbaums mit den Zahlen 1–7 sind durch Würfe in die Vollen, die mit 8, 9 und Kranz mit »2 Wurf Abräumen« zu kegeln.
Getroffene Teile sind anzumalen.
Jeder Kegler hat 1 bzw. 2 Würfe je Durchgang.
Die Kerzen dürfen nur auf angemalte Zweige gesetzt werden.
Die Mannschaft, die mit der niedrigsten Wurfzahl den Tannenbaum vollständig angemalt und beleuchtet hat, ist Sieger.

*Tafelbild:*

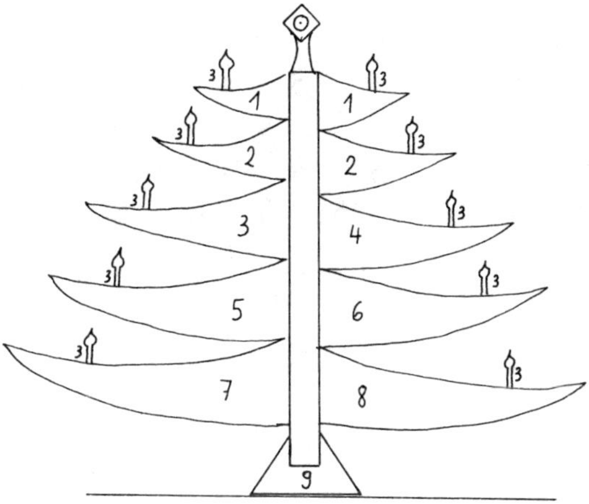

## Zahlenquadrat XXXX

Die Zahlen von 1 bis 7 aus dem Zahlenquadrat sind mit 1 Wurf in die Vollen zu kegeln, 8 und 9 dürfen durch »2 Wurf Abräumen« erkegelt werden.
Die gekegelte Zahl wird aus dem Quadrat gestrichen.
Sieger ist die Mannschaft, die die wenigsten Würfe zum Abräumen des Zahlenquadrats benötigt.

*Tafelbild:*

1
2 2
3 3 3
4 4 4 4
5 5 5 5 5
6 6 6 6
7 7 7
8 8
9

1
2 2
3 3 3
4 4 4 4
5 5 5 5 5
6 6 6 6
7 7 7
8 8
9

## Holzen XXXX

Die Kegler der Mannschaft A werfen 5mal in die Vollen. Die Kegler der Mannschaft B räumen derweil ab, und zwar ebenfalls mit je 5 Wurf.
Das Ergebnis von B wird nun von dem von A abgezogen.
Anschließend werden die Rollen getauscht.
Sieger ist die Mannschaft mit der höheren Endholzzahl.

*Tafelbild:* Mannschaftentabelle.

## Nikolauskegeln XXXX

Die Teile des Nikolaus' mit den Zahlen 1–7 sind in die Vollen, die mit 8 und 9 mit »2 Wurf Abräumen« zu kegeln.
Getroffene Teile sind anzumalen, gegebenenfalls mit bunter Kreide.
Jeder Kegler hat 1 bzw. 2 Wurf je Durchgang.
Die Zahlen sind in strenger Reihenfolge zu kegeln.
Die Mannschaft mit dem ersten vollständig ausgemalten Nikolaus ist Sieger.

*Tafelbild:*

## Hasenkegeln **XXXX**

Die Körperteile der Hasen mit den Zahlen 1–7 müssen aus den Vollen mit einem Wurf, die mit 8, 9 und Kranz (= ⊙) durch »2 Wurf Abräumen« erkegelt werden.
Getroffene Körperteile sind anzumalen.
Jeder Kegler hat 1 bzw. 2 Würfe pro Durchgang.
Die Mannschaft, die die geringste Wurfzahl benötigt, um sich die beiden Hasen zu erkegeln, ist Sieger.

*Tafelbild:*

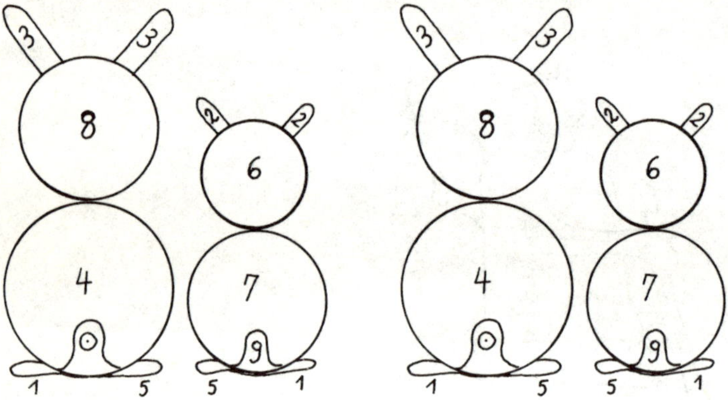

## Glücksschweinkegeln **XXXX**

Die Teile der Glücksschweinzeichnung mit den Zahlen 1–7 sind aus den Vollen mit einem Wurf, die mit 8, 9 und Kranz (= ⊙) durch »2 Wurf Abräumen« zu erkegeln.
Getroffene Teile sind anzumalen.
Jeder Kegler hat 1 bzw. 2 Würfe je Durchgang.
Die Mannschaft, die die Zeichnung mit der niedrigsten Wurfzahl angemalt hat, ist Sieger.

*Tafelbild:*

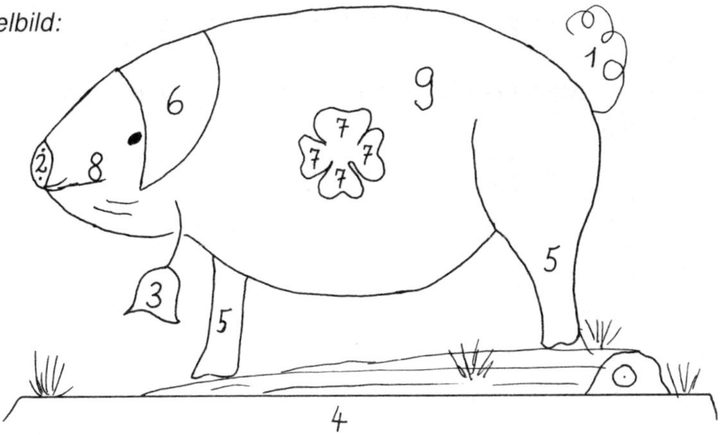


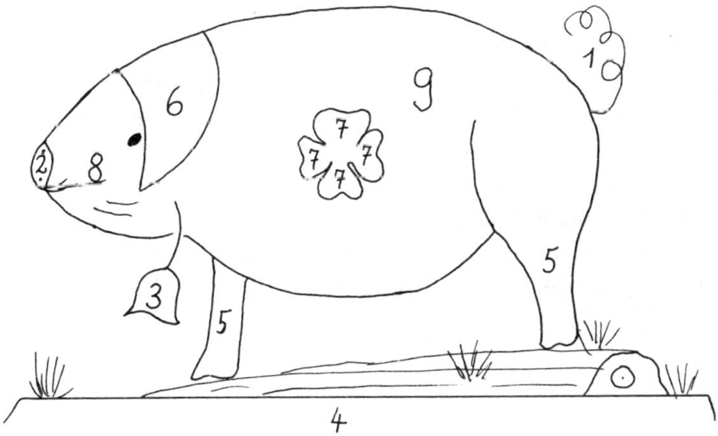

## Hase und Igel XXXX

Eine Mannschaft ist die Hasenmannschaft und eine die Igelmannschaft. Beide sollen mit möglichst wenig Würfen 100 Holz kegeln. Die Hasenmannschaft kegelt in die Vollen.
Die Igelmannschaft hat es beim »Rennen« dagegen schwerer, bei ihr zählen nur Achten, die aus »2 Wurf Abräumen« erkegelt werden müssen.
Beim Kranz aber, der besonderen Acht, setzt sich die Igelschläue durch, denn der zählt 50 Holz.
Sieger ist die Mannschaft, die die 100 Holz mit der niedrigeren Wurfzahl erreicht oder überkegelt.
Dieses Spiel fordert aus sich selbst zur Wiederholung mit vertauschten Rollen heraus.

*Tafelbild:* Punktetafeln für Igelmannschaft.

## Winzerspiel XXXX

Jede Mannschaft hat 50 Wurf. Die Flaschenfüllungen 1–7 werden durch Würfe in die Vollen gekegelt, 8 und 9 durch »2 Wurf Abräumen«.
Zwei bestimmte Zahlen gehören immer zu der Qualitätsstufe eines Weins und bilden eine Flaschenfüllung (siehe Weintabelle).
Es kommt nun darauf an, mit den 50 Würfen

1. möglichst viele Flaschen zu füllen und
2. möglichst bei allen oder wenigstens den besseren Qualitäten mehr Flaschen als der Gegner abzufüllen.

Die Kegler der Mannschaften tragen ihre Einzelergebnisse sofort nach dem Kegeln in die Tabelle ein. Fünfer unter Qualitätswein, Siebener und Dreier unter Kabinett, usw. Jeweils 2 Zahlen zusammen ergeben eine Flaschenfüllung. Eine 6 und eine 4 ergeben z. B. eine Flasche Spätlese.
Nach dem 50. Wurf werden die gefüllten Flaschen in den jeweiligen Qualitätsstufen gezählt und das Ergebnis der beiden Mannschaften verglichen. Jede Qualitätsstufe wird gesondert abgerechnet. Hat eine Mannschaft weniger Füllungen als die andere, muß sie pro Flasche weniger die in der Tabelle ausgedruckte Strafe bezahlen.
Da die Strafgelder in den Qualitätsstufen unterschiedlich hoch sind, muß jede Mannschaft ihren Gegner scharf beobachten und so taktieren, daß sie nicht irgendwo zu arg in Rückstand gerät.
Angefangene Flaschen zählen nicht.
Jeder Kegler hat immer nur 1 Wurf, beim Abräumen 2.

*Tafelbild:* Wein- und Gebührentabelle.

| | Qualitäts-wein | | Kabinett | | Spätlese | | Auslese | | Beeren-auslese | |
|---|---|---|---|---|---|---|---|---|---|---|
| Zahlen der Flaschen-füllung | 5 + 5 | | 7 + 3 | | 6 + 4 | | 2 + 8 | | 9 + 1 | |
| Gebühr je Kegler in die Kegelkasse | -,30 DM | | -,50 DM | | -,80 DM | | 1 DM | | 1,50 DM | |
| | A | B | A | B | A | B | A | B | A | B |
| | | | | | | | | | | |

## Reine Rasse

Dieses Kegelspiel besteht aus 10 Durchgängen.
Bei jedem Mannschaftsdurchgang geht es ausschließlich um eine bestimmte Zahl.
Im 1. Durchgang sollen so viele Einsen wie möglich gekegelt werden, denn nur die werden als Punkte notiert, beim 2. Durchgang Zweien, beim 3. Durchgang Dreien usw. bis zum 7. Durchgang.
Für die Durchgänge, in denen es um Achten, Neunen und Kränze (Wert 12 Holz) geht, wird auf »2 Wurf Abräumen« gestellt.
Jeder Kegler hat 1 Wurf, ab 8. Durchgang 2 Wurf.
Für jeden Treffer (bestimmte Zahl) gibt es einen Strich im Tafelbild.
Die in den Durchgängen erzielten Holzzahlen werden am Schluß zusammengezählt und entscheiden über den Sieg.

*Tafelbild:*

| | 1 | 2 | 3 | 4 | 5 | 6 | 7 | 8 | 9 | ⊙ | Ergebnis |
|---|---|---|---|---|---|---|---|---|---|---|---|
| A | III | II | ~~IIII~~ | | | | | | | | |
| | 3 | 4 | 15 | | | | | | | | |
| B | | | | | | | | | | | |
| | | | | | | | | | | | |

## Hühnerleiter **XXXX**

Die Mannschaften haben die Aufgabe, die Zahlen von 1 bis 9 und einen Kranz mit so wenig Würfen wie möglich zu kegeln.
Zunächst müssen die Zahlen von 1 bis 7 aus den Vollen herausgeworfen werden, danach ist es gestattet, auf »2 Wurf Abräumen« zu stellen. Aus den Vollen heraus gefallene Achten, Neunen oder Kränze zählen natürlich mit.
Die Mannschaft mit der geringsten Wurfzahl ist Siegerin.
Zur Verschärfung des Wettkampfs kann vereinbart werden, daß die Zahlen in der natürlichen Reihenfolge zu kegeln sind oder bestimmte Zahlen mehrfach gekegelt werden müssen.

*Tafelbild:*

| Mannschaft A | Mannschaft B |
|---|---|
| 1 | 1 |
| 2 | 2 |
| 3 | 3 |
| 4 | 4 |
| 5 | 5 |
| 6 | 6 |
| 7 | 7 |
| 8 | 8 |
| 9 | 9 |
| ⊙ | ⊙ |

## Marathon XXXX

Die 1. Teilstrecke des Marathonkegelns besteht aus 50 Wurf Abräumen.
Jeder Kegler wirft zweimal hintereinander.
Nach den 50 Wurf Abräumen folgen 50 Wurf in die Vollen.
Liegt eine Mannschaft nach der 1. Teilstrecke mit mehr als 12 Holz zurück, wird ihr ein Trostpflaster in Form von 2 zusätzlichen Würfen in die Vollen zugestanden.
Sieger ist die Mannschaft mit der höchsten Endholzzahl.

*Tafelbild:* entfällt bei automatischen Zählwerken.

# Einzelspiele in die Vollen

## Neuner Quersumme **X**

Der Kegler soll durch Würfe in die Vollen eine durch 9 teilbare Zahl erkegeln, die aus mindestens 3 bis maximal 6 Ziffern besteht.
Jedes Wurfergebnis stellt eine Ziffer dar. Dem Kegler stehen 6 Würfe in die Vollen zur Verfügung.
Regel für die Teilbarkeit durch 9:

> Eine Zahl ist durch 9 teilbar, wenn ihre Quersumme durch 9 teilbar ist.
>
> Beispiel: 13662
> Quersumme: $1 + 3 + 6 + 6 + 2 = 18$
> 18 ist durch 9 teilbar, also ist auch 13662 durch 9 teilbar.

*Tafelbild:*

| | 1 | 2 | 3 | 4 | 5 | 6 | |
|---|---|---|---|---|---|---|---|
| Jens | 3 | 7 | 4 | 4 | | | gewonnen |
| Ute | 2 | 3 | 6 | 9 | 4 | 5 | verloren |
| Uwe | | | | | | | |
| Helga | | | | | | | |

# Kapitalanlage



Jedem Kegler werden in einer Tabelle 1000 DM als Kapital gutgeschrieben.
Durch einen Wurf in die Vollen ermittelt sich jeder seinen Zinssatz für das 1. Jahr, berechnet die Zinsen und schlägt diese gleich dem Kapital zu.
Hierauf folgt der Wurf für den Zinssatz des 2. Jahres. Wieder werden die Zinsen berechnet und dem Gesamtguthaben zugeschlagen (siehe Tabellenbeispiel).
So geht es weiter, bis der 1. Kegler sein Anfangskapital von 1000 DM verdoppelt hat und damit Sieger ist.
Aus Vereinfachungsgründen wird nur mit ganzen DM-Beträgen (ohne Auf- und Abrunden) gerechnet. 7% von 14,80 DM sind zum Beispiel 14 x 7% = 98,– DM.

*Tafelbild:*

| | Udo | Inge | Klaus | Karl | Ute | Peter |
|---|---|---|---|---|---|---|
| DM | 1000 | 1000 | 1000 | 1000 | 1000 | 1000 |
| 1. | 7≙70<br>1070 | | | | | |
| 2. | 6≙60<br>1130 | | | | | |
| 3. | 4≙44<br>1174 | | | | | |
| 4. | 9≙99<br>1273 | | | | | |
| 5. | | | | | | |

## Talfahrt X

Die Ausgangspunktzahl für jeden Kegler ist 50. Diese soll er mit Würfen in die Vollen abbauen.
Dabei zählen aber nur die Ergebnisse 1, 2, 3, 4, 6, 7 und 9 abwärts, 5 und 8 Holz zählen aufwärts.
Jeder Kegler hat immer nur 1 Wurf.
Sieger ist der, der zuerst bei 0 angekommen ist.

*Tafelbild:*

| Inge | Klaus | Peter | Ute | Jens | Gerd |
|---|---|---|---|---|---|
| 50 | 50 | 50 | 50 | 50 | 50 |

## Adlerauge X

Jeder Kegler hat 5 Wurf in die Vollen.
Er darf aber dabei nicht das Vorderholz umwerfen, denn das würde den Wurf ungültig machen und daher keine Punkte bringen.
Die Holzzahlen der gültigen Würfe werden addiert und entscheiden über den Sieg.

*Tafelbild:* Namenstabelle.

## Rechenkünstlerspiel X

Ein Klubmitglied nennt eine beliebige Zahl zwischen 20 und 100.
Jeder Kegler hat jetzt 3mal 2 Wurf in die Vollen. Er soll dabei so kegeln, daß er mit den 6 Holzzahlen eine Rechnung anstellen kann (+ – x :), die die genannte Zahl als Ergebnis hat oder ihr möglichst nahe kommt.
Die 6 Zahlen sollen in 3 Durchgängen gekegelt werden, damit zwischendurch ausreichend Zeit für Rechenüberlegungen vorhanden ist.
Sieger sind alle, die die Zahl genau treffen, oder, wenn das niemandem gelungen ist, ihr am nächsten liegen.
Beispiel: genannte Zahl 75
Ergebnisse aus den 6 Würfen: 7, 4, 6, 5, 3, 7
Rechnung: 7 x 7 = 49
49 + (4 x 6) = 73
73 + 5 = 78
78 – 3 = 75

*Tafelbild:* Namenstabelle.

## Kleines Rechenspiel X

Zu Ergebnissen des kleinen Einmaleins sollen mit maximal 3 Wurf in die Vollen die Faktoren gekegelt werden, die miteinander malgenommen das festgelegte Resultat ergeben.
Spielverlauf und Wertung:
Ein Klubmitglied nennt ein Ergebnis, z. B. 24. Nun müssen alle anderen versuchen, die Faktoren 4 und 6 oder in diesem Fall auch 3 und 8 mit ihren 3 Wurf zu kegeln.
Gelingt einigen das, können diese sich 1 Punkt dafür in einer Tabelle gutschreiben.

Für die Zahl derjenigen, die das nicht geschafft haben, kann sich der Aufgabensteller je 1 Punkt notieren.
Jetzt wird vom nächsten Klubmitglied eine Aufgabe gestellt.
Achten und Neunen können durch »2 Wurf Abräumen« erkegelt werden. Es zählt wie ein Wurf.
Achtung: Jedes Rechenergebnis darf nur einmal genannt werden, und Quadratzahlen, wie 16 oder 49, sind auch nicht erlaubt.
Am Schluß werden für jeden die Punkte zusammengezählt und so der Sieger ermittelt.

*Tafelbild:* Namenstabelle.

## Schluckspecht X

Pro Kegler wird ein leeres Bierglas an die Tafel gezeichnet.
Die Aufgabe besteht nun darin, durch Würfe in die Vollen die Gläser zu füllen. Mit genau 13 Holz ist das Ziel erreicht. Jeder Kegler hat immer nur 1 Wurf.
Volle Gläser erhalten eine Schaumkrone.
Das Spiel ist beendet, wenn die Hälfte aller Gläser gefüllt ist.
Der Wirt bringt dann sicher allen gern ein volles Glas.

*Tafelbild:*

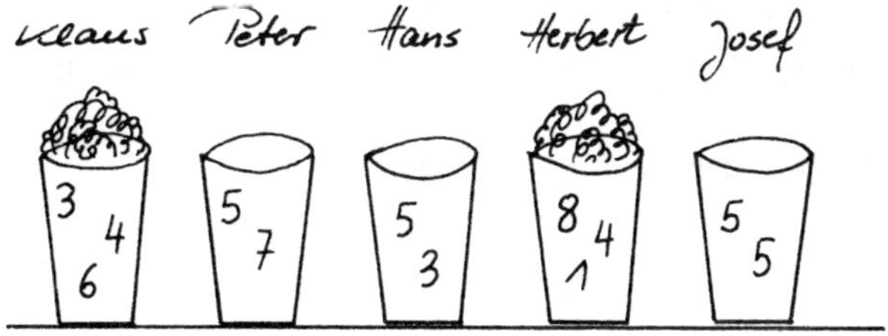

## Selbstproträt **X**

Es geht in die Vollen.
Jeder Kegler soll sein Selbstporträt an die Tafel zeichnen. Die einzelnen Bestandteile seines Gesichtes verschafft er sich durch das Kegeln entsprechender Zahlen (immer nur 1 Wurf pro Kegler).
Wichtig ist, daß jedes erkegelte Gesichtsteil sofort angezeichnet wird.
Sieger ist der 1. Kegler mit vollständigem Gesicht. 2. Sieger ist der Kegler mit der bis dahin ulkigsten Gesichtszeichnung.

*Tafelbild:* Gesichtsteile mit den dazugehörenden Zahlen

| | | |
|---|---|---|
| Augen | 2mal | 2 Holz |
| Nase | | 5 Holz |
| Kinn | | 7 Holz |
| Haare | | 1 Holz |
| Wangen | 2mal | 6 Holz |
| Lippen | | 4 Holz |
| Ohren | 2mal | 3 Holz |
| Stirn | | 5 Holz |
| Augenbrauen | | 7 Holz |

## Schwieriger Grat **X**

Der Kegler hat 12 Wurf hintereinander in die Vollen. Jedes 2. Wurfergebnis wird aber abgezogen.
Es ist hierbei sicherlich ratsam, einen Nichtkegler mitrechnen zu lassen.
Sollte es vorkommen, daß einmal mehr Holz abgezogen werden müssen, als noch vorhanden sind, muß der Kegler aufgeben.
Bei Minuswürfen zählt eine Pumpe 6 Holz
Sieger ist der Kegler, der die meisten Holz für sich verbuchen konnte.

*Tafelbild:* Namenstabelle.

## Der gute Schnitt **X**

Es geht in die Vollen. Die Kegler haben in 9 Durchgängen 9 verschiedene Zahlen zu kegeln (siehe Tabelle).
Zunächst soll jeder versuchen, mit 1 Wurf die geforderte 3 zu erreichen. Gelingt ihm das, kann er sich beim folgenden Durchgang der nächsten Zahl (5), zuwenden. Hat er aber einen Fehlwurf, so darf er in dem folgenden Durchgang 2 Wurf auf die 3 machen, hat er noch immer keinen Erfolg, im nächsten 3 Wurf usw.
Bei jeder neuen Zahl wird natürlich wieder mit 1 Wurf begonnen.
Wer als erster die Ziel-Sieben erreicht, ist Sieger.

*Tafelbild:*

Start Ziel

| | 3 | 5 | 6 | 7 | 5 | 6 | 4 | 2 | 7 |
|---|---|---|---|---|---|---|---|---|---|
| Klaus | X | X | | | | | | | |
| Peter | X | | | | | | | | |
| Ingo | X | X | X | X | | | | | |
| Heinz | X | X | X | | | | | | |
| | | | | | | | | | |

## Risiko X

Jeder Kegler hat pro Durchgang 2 Wurf in die Vollen.
Nach dem 1. Wurf muß er das Gesamtergebnis der beiden Würfe voraussagen. Gelingt ihm das, oder ist sein Ergebnis noch höher, wird seine vorausgesagte Holzzahl quadriert und ihm als Punktestand notiert. Hinzugezählt werden noch die über das vorausgesagte Ergebnis hinaus gekegelten Holz.
Beispiel: 1. Wurf 6, Voraussage 13, 2. Wurf 8
Gesamtergebnis: 1. + 2. Wurf = 14
Punkterechnung: 13 x 13 = 169 + 1 = 170 Punkte.
Erreicht der Kegler aber seine vorausgesagte Holzzahl nicht, erhält er nur die tatsächlich gekegelten Holz als Punkte gutgeschrieben.
Beispiel: 1. Wurf 6, Voraussage 13, 2. Wurf 5
Gesamtergebnis: 1. + 2. Wurf = 11
Punkterechnung: es bleiben 11 Punkte
Die Punkte der einzelnen Durchgänge werden sofort addiert.
Sieger ist der Kegler, der 888 Punkte als erster überschreitet, wobei zu berücksichtigen ist, daß alle gleich viel Durchgänge machen dürfen.

*Tafelbild:* Namenstabelle.

## Fuchsjagd X

Es geht in die Vollen. Ein Kegler, der Fuchs, flüchtet vor der Meute: allen anderen Klubmitgliedern. Er hat aber einen Vorsprung, der so groß ist, wie er mit 2 Wurf (einen mit der rechten Hand und einen mit der linken Hand) kegelt.
Bei der Jagd haben dann Verfolger und Fuchs abwechselnd je 1 Wurf, aber maximal nur so oft, bis jedes Klubmitglied einmal gekegelt hat.

Wird die Holzzahl des Fuchses eingeholt, ist er verloren, hat er einen Vorsprung behalten, wird ihm dieser gutgeschrieben.
Jetzt wiederholt sich die Jagd mit einem anderen Fuchs.
Sieger ist der Kegler mit dem größten Vorsprung.

*Tafelbild:* Namenstabelle.

## Pokern **X**

Jeder Kegler hat zunächst 5 Wurf hintereinander in die Vollen. Sein Ziel muß dabei sein, Holzzahlen zu kegeln, mit denen er einen möglichst hohen Pokerwert zusammenstellen kann.

| Pokerwerte und ihre Rangfolge | | Beispiele |
|---|---|---|
| Zwilling | – 2 gleiche Ziffern | **77**341 |
| Doppelzwilling | – 2 x 2 gleiche Ziffern | **7733**2 |
| Drilling | – 3 gleiche Ziffern | **777**31 |
| Straße | – 4 Ziffern in Folge | **3456**8 |
| Volles Haus | – Drilling + Zwilling | **77733** |
| Poker | – 4 gleiche Ziffern | **7777**3 |
| Royal Flash | – 5 Ziffern in Folge | **34567** |

Haben alle ihre 5 Wurf gemacht, kann jeder, wenn er möchte, eine Ziffer wegwischen und dafür noch 1 Wurf machen.
Vielleicht gelingt es ihm, dadurch einen höheren Pokerwert zu erreichen.
Gibt es 2 Anwärter auf den Sieg mit gleichem Pokerwert, so entscheidet die Quersumme der 5 Ziffern darüber, wer gewonnen hat.

*Tafelbild:* Namenstabelle.

# Inkassospiel **X**

Jeder Kegler hat pro Durchgang 1 Wurf in die Vollen. Insgesamt sind es 10 Durchgänge.

Im 1. geht es um 0,30 DM, im 2. um 0,60 DM, im 3. um 0,90 DM usw. bis zum 10., in dem es um 3,– DM geht.

Die Wurfergebnisse der einzelnen Kegler werden in die dafür vorgesehenen Spalten einer Tabelle geschrieben.

Den Durchgang verloren und damit zu bezahlen hat derjenige, der eine Pumpe gekegelt hat, und zusätzlich der, der in dem Durchgang die niedrigste Holzzahl erreicht hat.

»Bewerben« sich mehrere mit gleicher Holzzahl um das Bezahlen, so dürfen sie alle zahlen.

Nach den 10 Durchgängen werden die Gesamtbeträge der einzelnen Klubmitglieder errechnet und der Kegelkasse einverleibt.

*Tafelbild:*

| | 30 | 60 | 90 | 120 | 150 | 180 | 210 | 240 | 270 | 300 | Summe |
|---|---|---|---|---|---|---|---|---|---|---|---|
| Klaus | 4 | 7 | 5 | | | | | | | | |
| Inge | 3 | 7 | 5 | | | | | | | | |
| Peter | 8 | ⊖ | 8 | | | | | | | | |
| Sandra | 7 | ⑥ | 6 | | | | | | | | |
| Udo | ② | 7 | ④ | | | | | | | | |
| | | | | | | | | | | | |

## Rundenintermezzo X

Jeder Kegler hat 2 Wurf in die Vollen, deren Ergebnisse miteinander malgenommen werden.
Das Resultat wird in der Namenstabelle festgehalten.
Eine »Glücksgöttin« entscheidet nach dem Durchgang durch Los, ob die Kegler der beiden höchsten oder die der niedrigsten Ergebnisse die nächste Runde bestellen und bezahlen »dürfen«.
Sollte dieses etwa am selben Abend wiederholt werden, wäre es vielleicht ein Akt der Fairneß, die Verlierer des ersten Intermezzos vom Kegeln, aber nicht vom Trinken, zu befreien.

*Tafelbild:* Namenstabelle.

## Spiel 44 X

Jeder startet sein eigenes Rennen bis 44 Holz.
Dazu darf er in jedem Durchgang 3 Wurf hintereinander machen, und zwar in die Vollen.
Doch nicht alle Zahlen bringen ihn seinem Ziel näher, denn nur die geraden Zahlen kommen ins Töpfchen, die ungeraden dagegen bleiben vertane Würfe.
Sieger ist der Kegler, der als erster die 44er Ziellinie überkegelt.

*Tafelbild:* Namenstabelle.

## Dreisprung mit Bremse X

Jeder Kegler hat 3 Durchgänge mit je 4 Wurf in die Vollen. Jeweils die beiden ersten Holzzahlen werden addiert, die Summe der nächsten beiden davon abgezogen.
Die Durchgangsergebnisse werden in einer Tabelle festgehalten, und wer am Ende die meisten Holz hat retten können, ist Sieger.

*Tafelbild:* Namenstabelle.

## Hausbau



Jeder Einzelspieler errichtet sein eigenes Haus. Beim Hausbau sind keine krummen Sachen erlaubt. Deshalb treiben auch nur die aus den Vollen gekegelten geraden Zahlen den Hausbau voran (2, 4, 6, 8).
Solange gerade Holzzahlen fallen, darf weitergebaut werden. Fällt eine ungerade Zahl, ist der nächste an der Reihe.
Bei einer 3 muß sogar das zuletzt errichtete Bauteil wieder abgerissen werden.
Mit 11 Bauteilen ist das Haus fertig, und der Sieger zieht ein.

*Tafelbild:* Namenskreis

Hausvorschlag
(Reihenfolge)

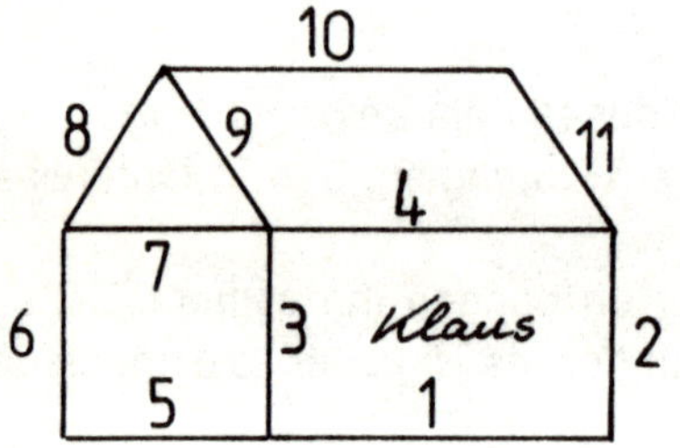


Klaus

Ute

Peter

Inka

## 17 + 4 X

Jeder Kegler zieht verdeckt aus einem Skatspiel eine Karte, merkt sich den Kartenwert und legt sie vor sich auf den Tisch.
Nun muß versucht werden – auf den Kartenwert aufbauend –, mit maximal 5 Wurf in die Vollen die Zahl 21 genau zu erreichen oder ihr so nahe wie möglich zu kommen. Jedes Ergebnis über 21 scheidet sofort aus.
Sieger sind alle Kegler, deren Kartenwerte plus gekegelte Holz genau 21 ergeben oder, wenn das niemandem gelungen sein sollte, 21 am nächsten liegen.
Die Spannung bleibt bei dem Spiel bis zum Schluß erhalten, wenn nur die gekegelten Holz der Kegler in die Namenstabelle eingetragen werden und erst, wenn alle Spieler dran waren, die Kartenwerte öffentlich hinzugezählt werden.

| | | | |
|---|---|---|---|
| Kartenwerte: | 7 = 7 Punkte | Bube = 2 Punkte | |
| | 8 = 8 Punkte | Dame = 3 Punkte | |
| | 9 = 9 Punkte | König = 4 Punkte | |
| | 10 = 10 Punkte | As = 11 Punkte | |

*Tafelbild:* Namenstabelle.

## Spiel 77 X

77 Holz heißt das Ziel in diesem Spiel.
Gewertet werden aber nur ungerade Holzzahlen. Gerade Zahlen sind wie Nieten in einer Tombola.
Jeder darf immer zweimal hintereinander kegeln. Seine Ergebnisse werden in einer Tabelle notiert.
Wer zuerst die Ziellinie von 77 Holz überschreitet, hat gewonnen.

*Tafelbild:* Namenstabelle.

## Schwein schlachten **X**

Aus Getränken und Streichhölzern wird das sogenannte »Schwein« aufgebaut (siehe Zeichnung). Die Länge des »Schweins« richtet sich nach der Mitgliederzahl des Kegelclubs.
Nun wird abwechselnd in die Vollen gekegelt.
Fällt eine 2 oder 6, so erhält der betreffende Kegler ein Schweineteil (Streichholz oder Getränk). Die Stücke sind dem »Schwein« von vorne her zu entnehmen.
Die 3 Kegler, die die letzten 3 Streichhölzer nehmen müssen, bekommen die Kosten des »Schweins« auf ihre Deckel.
Achtung: Beim Kegeln auf die Bezahlhölzchen zählt eine Pumpe wie eine 2.

*Tafelbild:*

## Galgenspiel **X**

Hier muß man wie im wilden Westen immer besser sein als der andere, sonst wird man langsam, aber sicher aufgehängt.
Jeder Kegler hat immer 2 Wurf hintereinander in die Vollen. Das Gesamtergebnis muß nun vom Nachfolger überboten werden. Gelingt ihm das, ist er vorerst gerettet, gelingt ihm das nicht, oder erreicht er nur dieselbe Holzzahl, wird an seinem Galgen gezimmert (jedesmal ein Bauteil hinzugefügt).

Grundlage für die zu überbietende Holzzahl ist immer das letzte Kegelergebnis.

Beispiel: Kegler A 1. Wurf 6 Holz
2. Wurf 7 Holz
Kegler B muß 13 Holz überbieten.
1. Wurf 5 Holz
2. Wurf 3 Holz
Kegler C braucht nur 8 Holz zu überbieten.

Die »Totenfeier« beginnt, wenn zwei den Kreis der Lebenden verlassen haben. Durch eine Runde auf ihre Kosten kehren sie jedoch wieder zurück.

Beispiel für Galgenaufbau:

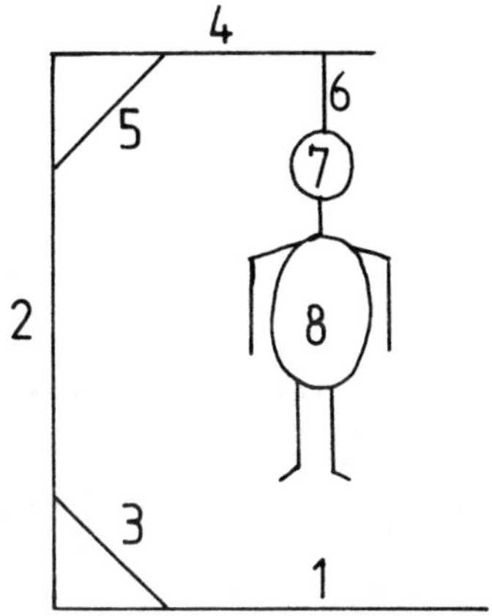


Je nach Vereinsstärke können die Galgenbauteile vermehrt oder verringert werden, um so die Spieldauer den eigenen Wünschen anzupassen.

*Tafelbild:* Namenstabelle.

## Lattenzaun X

Beim Lattenzaunkegeln werden die Namen der Spieler in ausgeloster Reihenfolge untereinander aufgeschrieben.
Jeder Kegler macht pro Durchgang 1 Wurf in die Vollen. Sein Ziel muß es dabei sein, mehr Holz als sein Vorgänger zu kegeln.
Gelingt ihm das, bekommt der Vorgänger so viele »Latten« (Striche) angeschrieben, wie er weniger Holz hatte; gelingt ihm das nicht, bekommt der Kegler selbst die Differenz als »Latten« aufs Konto.
Wer einen Zaun mit 21 Latten hat, scheidet aus.
Sieger ist der letzte Kegler mit »unvollständigem Zaun«.

*Tafelbild:* Namenstabelle.

## Tot mit 16 X

Jeder Kegler hat eine begrenzte Zahl von Würfen in die Vollen, maximal 6.
Ziel bei diesem Spiel ist es, die Holzzahl 15 zu erreichen oder ihr so nahe wie möglich zu kommen.
Fallen insgesamt mehr als 15 Holz, scheidet der Kegler ohne Wertung aus.
Bei einem Ergebnis mit weniger als 15 Holz entscheiden die gültigen Ergebnisse der anderen Mitspieler über den Gewinn oder die Plazierung.
Achtung, der Clou: Wer einen *dritten* Wurf macht, der muß auch einen *vierten* machen.
Pumpen zählen selbstverständlich nicht mit!

*Tafelbild:* Namentafel.

## + + − × X

Jeder hat 4 Wurf in die Vollen.
Die ersten beiden Ergebnisse werden addiert, der 3 Wurf wird subtrahiert, und das Ergebnis dieser Rechnung mit der Holzzahl des 4. Wurfes multipliziert.
Gesiegt hat der Kegler mit der höchsten Punktzahl.

*Tafelbild:* Namenstabelle.

## Pfeilwerfen **X**

Viermal wird dem Kegler das Bild »Vorderholz, König, Hinterholz und beide Hinterdamen«, das wie ein Pfeil aussieht, aufgestellt.
Jedesmal hat er 3 Wurf maximal, um das Bild abzukegeln. Gelingt es ihm mit 1 Wurf, erhält er dafür 15 Punkte, benötigt er 2 Wurf, erhält er noch 10 Punkte, beim 3. Wurf erhält er nur noch 1 Punkt je Holz.
Das Spiel soll in 4 Durchgängen ablaufen, um so die Spannung bis zuletzt aufrecht zu erhalten.
Nach den 4 Durchgängen werden die Punkte addiert und so die oder der Sieger ermittelt.

*Tafelbild:* Namenstabelle.

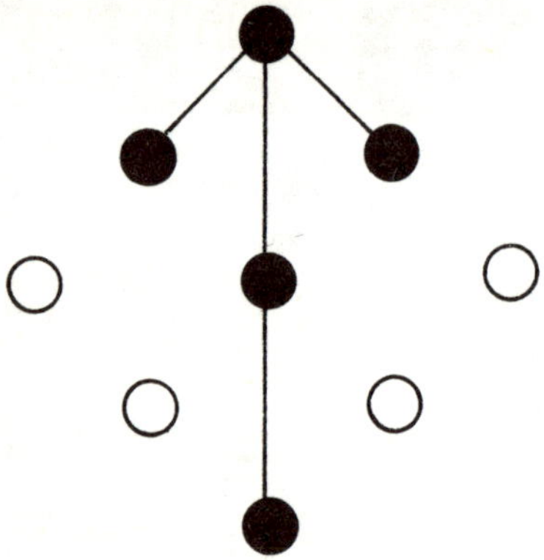

## Indianerpfeil

**X**

Der Indianerpfeil »Vorderholz, König, Hinterholz, linke und rechte Vorderdame« wird jedem Kegler 4mal aufgestellt.
Jedesmal hat er 2 Wurf auf das Bild.
Räumt er damit alle 5 Holz ab, erhält er dafür 10 Punkte, ansonsten zählt jedes Holz nur 1 Punkt.
Um die Spannung zu erhöhen, sollte das Spiel in 4 Durchgängen durchgeführt werden.
Die Punkte der einzelnen Durchgänge werden in einer Namenstabelle festgehalten, am Schluß addiert und ermitteln so den Sieger.

*Tafelbild:* Namenstabelle.

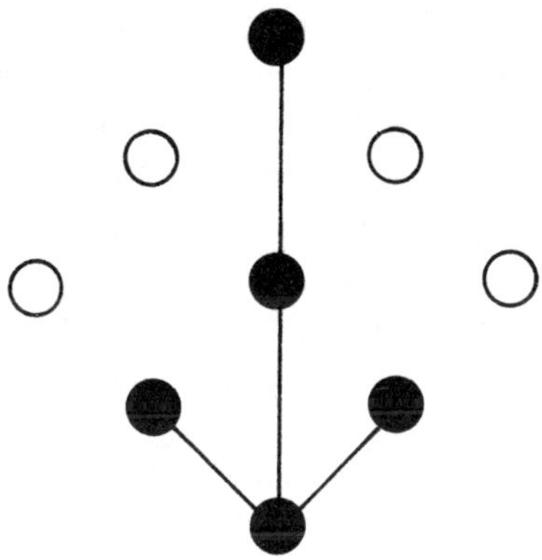

## Aus drei mach vier

**X**

Der Wettkampf besteht aus 3 Durchgängen mit je 3 Wurf Abräumen.
In jedem Durchgang haben die Kegler die Chance, Zusatzpunkte zu erzielen, denn, wenn es ihnen gelingt, alle 9 Holz abzuräumen, haben sie einen Extrawurf in die Vollen.

*Tafelbild:* Namenstabelle.

## Dame X

Dreimal werden jedem Kegler die 4 Damen aufgestellt. Jedesmal hat er 2 Würfe auf dieses Bild.
Eine gefallene Dame zählt 1 Punkt.
Fallen mit einem Wurf 2 Damen, so erhält er für jedes Holz 2 Punkte.
Sieger ist der Kegler mit der höchsten Punktzahl.

*Tafelbild:* Namenstabelle.

## Jokerspiel X

Jeder Kegler hat pro Durchgang 2mal 2 Wurf Abräumen aus den Vollen.
Im 1. Durchgang soll er daraus jeweils 5 Holz abräumen.
Im 2. Durchgang geht es jeweils um 6 Holz, im 3. dann um 7, im 4. um 8, im 5. um 9 und im letzten Durchgang um Kränze.
Neu aufgestellt werden darf nach dem jeweils 1. Wurf nur dann, wenn die vorgeschriebene Holzzahl gefallen ist.
Der Kegler kann im Verlauf des Spiels einmal einen Joker setzen. Das heißt, er erhält Zusatzpunkte, wenn er in dem Durchgang Erfolg hat, und zwar:

im 3. Durchgang pro 7 Holz 5 Punkte,
im 4. Durchgang pro 8 Holz 10 Punkte,
im 5. Durchgang pro 9 Holz 15 Punkte,
im 6. Durchgang pro Kranz 20 Punkte.

Nach den 6 Durchgängen werden die Punkte der Kegler addiert und so der Sieger ermittelt.

*Tafelbild:* Namenstabelle.

## Lokus **X**

Vorderholz, König und Hinterholz werden jedem Kegler 5mal aufgestellt. Auf dieses Bild hat er jedesmal 1 Wurf.
Fällt nur 1 Holz, erhält er dafür 1 Punkt.
Fallen 2 Holz, erhält er dafür 4 und für 3 Holz 9 Punkte.
45 wäre also das Traumergebnis.

*Tafelbild:* Namenstabelle.

## Hohle Gasse **X**

Folgendes Bild wird aufgestellt:

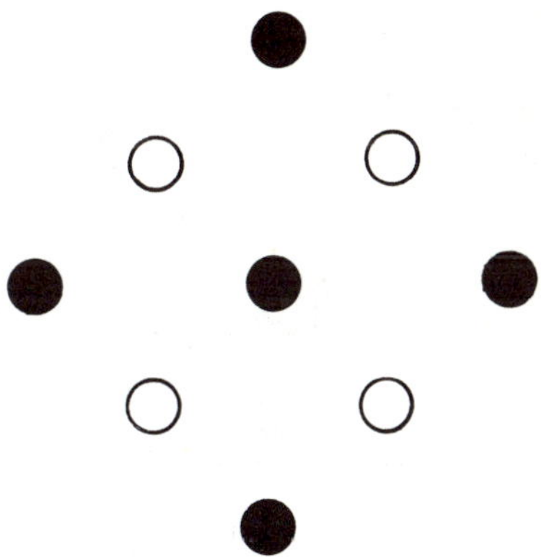

Jeder Kegler hat 5 Wurf.
Sein Ziel soll sein, so wenig Holz wie möglich abzuräumen.
Sieger ist derjenige, bei dem die wenigsten Holz gefallen sind.
Die, denen die Aufgabe zu leicht erscheint, sollten das Spiel mit der linken Hand durchkegeln.

*Tafelbild:* Namenstabelle.

## Totenkiste



In diesem Einzelwettkampf sollte die Reihenfolge der Kegler ausgelost werden, weil sie den Spielverlauf und -ausgang erheblich beeinflussen kann.
Das Spiel selbst besteht aus einem sich immer wiederholenden Abräumen der 9 Holz.
Jeder hat immer nur 1 Wurf.
Kegler, die dabei kein Holz treffen oder nach deren Wurf der nächste alle restlichen Holz abräumt, werden bestraft. Sie erhalten Strafstriche, aus denen im Laufe des Spiels eine Totenkiste »gezimmert« wird (siehe Zeichnung).
Mit dem 8. Strich ist diese vollständig, der Kegler »begraben« und ausgeschieden.
Sieger ist der letzte »Lebende«.

*Tafelbild:* Namenskreis

Beispiel für eine fertige Totenkiste

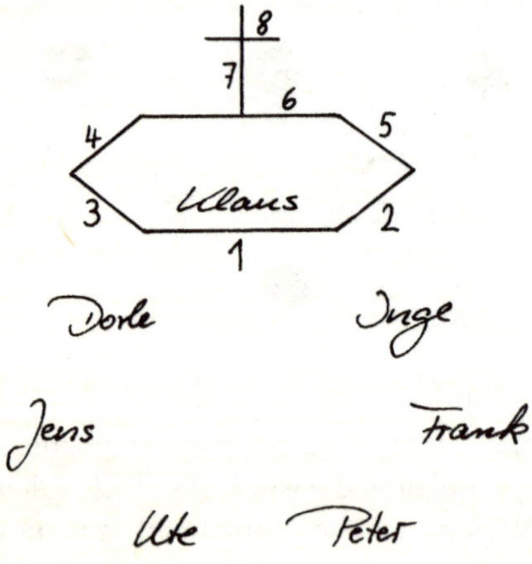

## Schneckentempo X

In diesem Spiel besteht die Schwierigkeit darin, die 9 Holz mit so *vielen* Würfen wie möglich abzuräumen.
Es können natürlich nur Würfe gezählt werden, bei denen Holz fallen.
Maximale Wurfzahl ist 10.

*Tafelbild:* Namenstabelle.

## Die große Wahl X

Jeder Kegler hat 10 Wurf Abräumen.
Während dieser Wurfserie hat er einmal die Möglichkeit, bei einem ungünstigen Bild alle 9 Holz wieder aufzustellen.
Macht er von dieser Chance keinen Gebrauch, darf er am Ende einen 11. Wurf zusätzlich in die Vollen kegeln.
Die höchste Holzzahl ergibt am Ende den Sieg.

*Tafelbild:* Namenstabelle.

# Einzelspiele mit Abräumen und Kegeln in die Vollen (Kombinationen)

## Meisterspiel **X**

Dieses Kegelspiel besteht aus 10 Durchgängen. Bei jedem Durchgang geht es ausschließlich um eine bestimmte Zahl.
Im 1. Durchgang sollen so viele Einsen wie möglich gekegelt werden, denn nur die werden als Punkte notiert, beim 2. Durchgang Zweien, beim 3. Durchgang Dreien usw. bis zum 7. Durchgang.
Für die Durchgänge, bei denen es um Achten, Neunen und Kränze (Wert 12 Holz) geht, wird auf »2 Wurf Abräumen« umgestellt.
Jeder Kegler hat pro Durchgang 3 Wurf, ab Durchgang 8 aber 3mal 2 Wurf!
Die in den einzelnen Durchgängen erzielten Punkte werden am Schluß zusammengezählt und entscheiden darüber, wer Meister geworden ist.

*Tafelbild:*

| | 1 | 2 | 3 | 4 | 5 | 6 | 7 | 8 | 9 | ⊙ | Ergebnis |
|---|---|---|---|---|---|---|---|---|---|---|---|
| Klaus | 1 | 4 | 3 | – | 10 | 6 | 14 | 8 | 18 | 12 | 76 |
| Karin | | | | | | | | | | | |
| Inge | | | | | | | | | | | |
| Peter | | | | | | | | | | | |

## Klubmeisterschaft



Jeder kegelt gegen jeden. Die Ergebnisse werden durch Punktevergabe in einer Tabelle festgehalten.
Der Sieger erhält 2 Punkte, der Verlierer 0 Punkte und bei Unentschieden jeder 1 Punkt.
Welche Kegelspiele für die Klubmeisterschaft ausgewählt werden, bleibt jedem Verein überlassen.

Vorschläge:
1. 5 Wurf in die Vollen
2. 5 Wurf Abräumen
3. Kombinationen aus 1 und 2

*Tabellenbeispiel:*

| | Klaus | Inge | Peter | Ingo | Renate | Udo |
|---|---|---|---|---|---|---|
| Klaus | X | | 1 | | | |
| Inge | | X | | | 2 | |
| Peter | 1 | | X | | | |
| Ingo | | | | X | | |
| Renate | | 0 | | | X | |
| Udo | | | | | | X |

Der Zeitraum für ein solches Turnier kann beliebig gewählt werden und ist den Klubgegebenheiten anzupassen.

## Kombikiste



Dies ist sicherlich für manchen eine schwierige Kiste, denn man muß, will man Erfolg haben, seine Kegelstärken gut einschätzen können. Jeder hat nämlich zunächst 5 Wurf in die Vollen.
In einer 2. Runde kann er wählen, ob er 2 weitere Wurf in die Vollen machen möchte oder dafür lieber 5 Wurf Abräumen will.
Sieger ist, wer die meisten Holz in der Kiste hat.

*Tafelbild:* Namenstabelle.

# Partnerspiele in die Vollen

## Glücksspirale **XX**

Bei diesem Partnerspiel ist die Wurfzahl pro Durchgang vom Können und Glück abhängig.
Jedes Paar hat zunächst 2 Wurf in die Vollen.
Wird dabei ein Gesamtergebnis von 13 Holz oder mehr erzielt, darf das Paar 2 weitere Würfe machen. Liegt auch hierbei das Ergebnis über 12, wird die Serie fortgesetzt. Sie wird erst abgebrochen, wenn ein Ergebnis unter 13 Holz vorliegt.
Die Gesamtholzzahl des Paares wird in einer Tabelle festgehalten, und das nächste Paar ist an der Reihe.
Sieger ist das Paar, das zuerst 50 Holz erreicht hat. Es ist dabei zu beachten, daß alle Paare gleich oft an der Reihe gewesen sein müssen.

*Tafelbild:* Partnertabelle.

## Links und rechts **XX**

Die Partner haben jeder 3 Wurf in die Vollen.
Der eine muß aber seine Würfe mit der linken Hand machen, während der andere mit der rechten Hand kegeln darf.
Bei Linkshändern muß die Regel entsprechend abgeändert werden.
Sieger ist das Paar mit der höchsten Gesamtholzzahl.

*Tafelbild:* Partnertabelle

## Hoch hinaus **XX**

Die Paare haben in jedem Durchgang 4 Würfe in die Vollen. Damit müssen sie eine dreistellige Zahl von vorn nach hinten kegeln.
Den 4. Wurf haben sie, um bei der Hunderterstelle einmal den Wurf wiederholen zu können. Sie sind dann aber gezwungen, das Wurfergebnis des 2. Wurfes als Hunderterziffer zu nehmen, auch wenn es niedriger ist.
Haben alle Paare ihre Ergebnisse vorliegen, erhält das schlechteste einen Strafbierdeckel.
In gleicher Weise wird bei den folgenden Durchgängen verfahren.
Die Anzahl der Durchgänge muß nach der Clubstärke festgelegt werden.
Nach den Durchgängen, in denen Strafdeckel verteilt werden, kommen die Durchgänge, in denen die Deckel wieder abgelegt werden.
Das Kegelverfahren ist dasselbe, nur legt nun das Paar mit der höchsten Zahl einen Deckel ab und die Paare, die keinen Deckel bekommen hatten, haben bis zum Spielende Pause.
Verlierer ist das Paar mit dem letzten Strafdeckel.

*Tafelbild:* Partnertabelle.

## Steigrohr **XX**

Die Anzahl der Durchgänge ist für jedes Paar unterschiedlich.
Die Partner haben jeweils 2 Wurf in die Vollen. Sie müssen dabei berücksichtigen, daß sie in jedem Durchgang mehr Holz kegeln müssen als im vorangegangenen. Taktisch klug ist es also, mit einer möglichst niedrigen Holzzahl zu beginnen. Das Paar ist ausgeschieden, wenn einmal keine Steigerung gelungen ist.
Eine Pumpe wird mit 5 Holz berechnet.
Die Ergebnisse der erfolgreichen Durchgänge werden addiert und so das Siegerpaar ermittelt.

*Tafelbild:* Partnertabelle.

## Motorradrennen **XX**

Für das Rennen stehen den Partnern 25 Wurf in die Vollen zur Verfügung.
Bevor sie losfahren dürfen, müssen sie:

| | |
|---|---|
| Helme aufsetzen | 1 mal 3 Holz kegeln |
| Motor starten | 1 mal 5 Holz kegeln |
| Gang einlegen | 1 mal 7 Holz kegeln |

Nun ist die Zählanlage der Kegelbahn auf 0 zu stellen und die bisherige Wurfzahl zu notieren.
Die mit den noch verbleibenden Würfen erkegelten Holz stellen Ihre gefahrenen Kilometer dar.
Wer nach den insgesamt 25 Wurf am weitesten gekommen ist, hat gewonnen.

*Tafelbild:* Partnertabelle.

## Harmonie oder 5 + 3 = 0 **XX**

Jedes Paar hat 5 Durchgänge in die Vollen.
In jedem Durchgang kegeln die Partner abwechselnd einen Wurf. Dabei müssen sie versuchen, gleiche Holzzahlen zu treffen, denn nur bei gleichen Ergebnissen werden die Holz als Punkte gutgeschrieben.
Sieger ist das Paar mit dem höchsten Punktekonto.
Beispiel:

| Partner A | Partner B | Ergebnis |
|---|---|---|
| 5 Holz | 3 Holz | 0 |
| 7 Holz | 7 Holz | 14 Punkte |

*Tafelbild:* Partnertabelle.

## Totale Harmonie



Die Spielregeln sind dieselben wie beim Spiel »Harmonie« mit dem Unterschied, daß die gleiche Holzzahl allein für eine Wertung der Würfe noch nicht ausreicht. Es muß außerdem dasselbe Bild gekegelt sein.

*Beispiele für Bilder:*

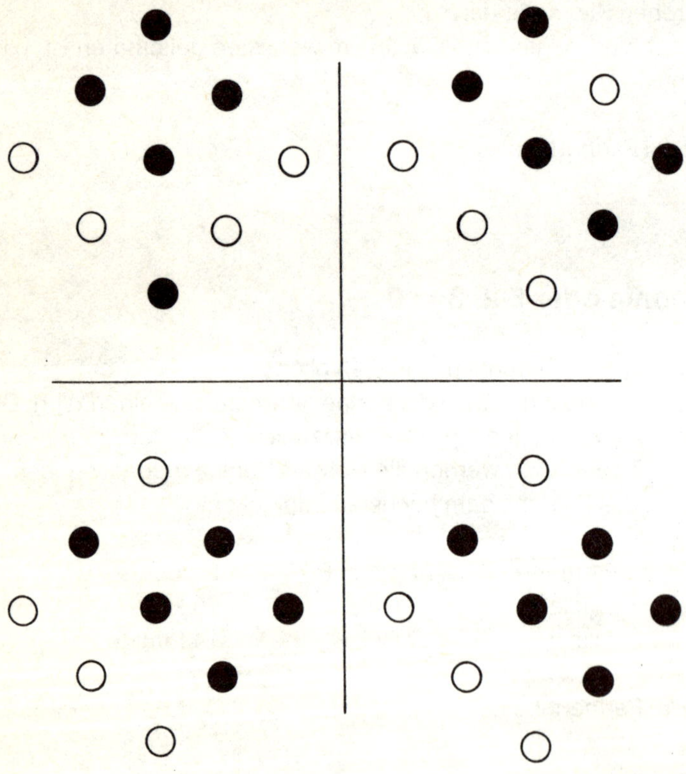

## Blinde Kuh XX

Jeder Partner hat 3 Wurf in die Vollen, aber ihm werden zum Kegeln die Augen verbunden.
Die Aufgabe des sehenden Partners besteht darin, seinen blinden Mitstreiter nur mit Worten beim Kegeln zu dirigieren.
Nach 3 Würfen ist Wechsel.
Gesiegt hat das Paar mit der besten blinden Treffsicherheit, also mit der höchsten Holzzahl.

*Tafelbild:* Partnertabelle.

## Sechstagerennen **XX**

Das Sechstagerennen besteht aus 6 Durchgängen mit je 4 Wurf Abräumen pro Paar.
Die Paare kegeln abwechselnd.
Ein Kranz wird mit 12 Holz, ein Kranz aus der Hand mit 15 Holz bewertet.
Die jeweiligen Durchgangsergebnisse müssen sofort in die vorbereitete Tabelle eingetragen werden. Dabei können Sie entscheiden, mit welchem Multiplikator das Ergebnis malgenommen werden soll.
Das Ergebnis der Rechnung wird dann in dem dafür vorgesehenen Kästchen notiert. Änderungen sind später unzulässig.
Nach den 6 Durchgängen werden die Teilergebnisse zu einem Endergebnis zusammengezählt.
Sieger ist das Paar mit der höchsten Endpunktzahl.

*Tafelbild:*

| | 1x | 2x | 3x | 4x | 5x | 6x | Ergebnis |
|---|---|---|---|---|---|---|---|
| Klaus<br>Inge | | | | | | | |
| Peter<br>Ute | | | | | | | |
| Gerd<br>Karin | | | | | | | |
| Jürgen<br>Dora | | | | | | | |
| | | | | | | | |

# Tag und Nacht



Das »Tag und Nacht«-Spiel besteht aus 10 Durchgängen. Es gibt 5 Tag- und 5 Nachthasen.
In jedem Durchgang versuchen die Paare, mit 4 Wurf Abräumen soviel Holz wie möglich zu werfen.
Die Ergebnisse der Tagdurchgänge zählen einfach, die der Nachtdurchgänge doppelt.
Die Punkte sind gleich in dem Tabellengerüst addiert einzutragen.
Sieger ist das Paar mit der höchsten Endpunktzahl.

*Tafelbild:*

| | Nacht / Tag | Nacht / Tag | Nacht / Tag | Nacht / Tag | Nacht / Tag |
|---|---|---|---|---|---|
| Petra<br>Gerd | 12+12 = 24<br>24+14 = 38<br>14 | 8+8 = 16<br>16+49 = 65<br>11<br>11+38 = 49 | 13<br>13+65 = 78 | | |
| Inge<br>Klaus | | | | | |
| Ute<br>Hans | | | | | |

## Hexenhaus XX

*Tafelbild:* Partnertabelle.

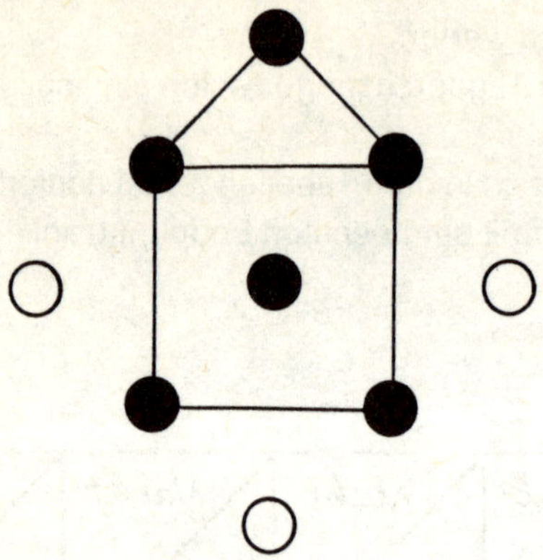

Das »Hexenhaus«, bestehend aus Vorder- und Hinterdamen, König und Hinterholz, wird für jedes Paar 3mal aufgestellt.

Jedesmal dürfen 2 Wurf auf das Bild gemacht werden. Es wird abgeräumt.

Gefallene Damen zählen 10 Punkte, König und Hinterholz zählen 5 Punkte.

Wird das Bild mit den 2 Wurf abgeräumt, erhält das Paar 20 Zusatzpunkte.

Die Gesamtpunktzahl der einzelnen Paare entscheidet am Schluß über den Sieg.

# Partnerspiele mit Abräumen und Kegeln in die Vollen (Kombinationen)

## Science Fiction XX

Die Geburtstagsdaten zweier Partner werden untereinander geschrieben und »addiert«.
Damit ist Jahr und Tag der gemeinsamen »Wiedergeburt« errechnet.
Dieses Datum ist nun mit 2 Wurf je Durchgang und Partner zu erkegeln: 1–7 in die Vollen, 8 und 9 mit »2 Wurf Abräumen«.
Nullen sind durch Sechsen zu ersetzen.
Einstelligen Tages- und Monatszahlen in der Addition ist eine 6 voranzustellen.

*Tafelbild:* »Wiedergeburtsrechnung« mit Partnertabelle

Beispiel:

```
    06. 12. 1944
+   14. 07. 1952
----------------
    20. 19. 3896
```

Zu erkegeln ist: 26. 19. 3896

## Damenwahl XX

(für gemischte Klubs)

Die Damen schreiben ihre Telefonnummern auf Zettel, die von den Herren nach eingehendem Mischen gezogen werden.
So finden sich Paare, die gemeinsam nun ihre Telefonnummer wählen, das heißt kegeln sollen.
Nummern von 1 bis 7 werden in die Vollen, 8 und 9 werden durch »2 Wurf Abräumen« gekegelt. Nullen bei den Telefonnummern werden durch Sechsen ersetzt.
Pro Durchgang hat jedes Paar 2 Wurf, beim Abräumen 4 Wurf.
Das Paar, bei dem es zuerst klingelt, stößt mit einem Pokal Wein aus der Kegelkasse an.

*Tafelbild:* Partnertabelle mit Telefonnummern.

# Gesamt-Programm

Stand 1.1.1985

## Essen und Trinken

**Kalte und warme Vorspeisen**
einfach · herzhaft · raffiniert. (5045) Von Karin Iden, 64 S., 43 Farbfotos, Pappband. **DM 12,80**/S 99.–

**Köstliche Suppen**
für jede Tages- und Jahreszeit. (5122) Von Elke Fuhrmann, 64 S., 38 Farbfotos, Pappband. **DM 12,80**/S 99.–

**Kochen, was allen schmeckt**
1700 Koch- und Backrezepte für jede Gelegenheit. (4098) Von Anneliese und Gerhard Eckert, 796 S., 60 Farbtafeln, Pappband. **DM 24,80**/S 198.–

Falken-Handbuch
**Kochen nach allen Regeln der Kunst**
Das moderne Grundkochbuch mit über 1000 Farbbildern. (4143) Von Margrit Gutta, 624 S., über 1000 farbige Abb., gebunden. **DM 78,–**/S 598.–

**Brunos beste Rezepte**
– rund ums Jahr (4154) Von Bruno Henrich, 136 S., 15 Farbfotos, kart. **DM 14,80**/S 119.–

**Was koche ich heute?**
Neue Rezepte für Fix-Gerichte. (0608) Von Annette Badelt-Vogt, 112 S., 16 Farbtafeln, kart. **DM 9,80**/S 79.–

**Kochen für 1 Person**
Rationell wirtschaften, abwechslungsreich und schmackhaft zubereiten. (0586) Von Marianne Nicolin, 136 S., 8 Farbtafeln, 20 Zeichnungen, kart. **DM 9,80**/S 79.–

**Gesunde Kost aus dem Römertopf**
(0442) Von Jutta Kramer, 128 S., 8 Farbtafeln, 13 Zeichnungen, kart. **DM 8,80**/S 74.–

**Nudelgerichte**
– lecker, locker, leicht zu kochen. (0466) Von Christiane Stephan, 80 S., 8 Farbtafeln, kart. **DM 7,80**/S 69.–

**Omas Küche und unsere Küche heute**
(4089) Von J. Peter Lemcke, 160 S., 8 Farbtafeln, 95 Zeichnungen, Pappband. **DM 24,80**/S 198.–

**Die besten Eintöpfe und Aufläufe**
(5079) Von Anneliese und Gerhard Eckert, 64 S., 49 Farbfotos, Pappband. **DM 12,80**/S 99.–

**Hobby-Kochbuch für Tiefkühlkost**
(0302) Von Ruth Vollmer-Ruprecht, 104 S., 8 Farbtafeln, kart. **DM 8,80**/S 74.–

**Schnelle Küche**
(4095) Von Anneliese und Gerhard Eckert, 136 S., 15 Farbtafeln, 61 Zeichnungen, kart., **DM 12,80**/S 99.–

**Schnell gekocht – gut gekocht**
mit vielen Rezepten für Schnellkochtöpfe und Schnellbratpfannen. (0265) Von Irmgard Persy, 96 S., 8 Farbtafeln, kart. **DM 7,80**/S 69.–

**Kochen und backen im Heißluftherd**
Vorteile, Gebrauchsanleitung, Rezepte. (0516) Von Katharina Kölner, 72 S., 8 Farbtafeln, kart. **DM 7,80**/S 69.–

**Das neue Mikrowellen-Kochbuch**
(0434) Von Hermann Neu, 64 S., 4 Farbtafeln, kart. **DM 6,80**/S 59.–

**Ganz und gar mit Mikrowellen**
(4094) Von Tina Peters, 208 S., 24 Farbfotos, kart. **DM 29,80**/S 239.–

**Gesund kochen**
wasserarm · fettfrei · aromatisch. (4060) Von Margrit Gutta, 240 S., 16 Farbtafeln, Pappband. **DM 19,80**/S 159.–

**Alternativ essen**
Die gesunde Sojaküche. (0553) Von Uwe Kolster, 112 S., 8 Farbtafeln, kart. **DM 9,80**/S 79.–

**Kräuter- und Heilpflanzen-Kochbuch**
für eine gesunde Lebensweise. (4066) Von Pia Pervenche, 143 S., 15 Farbtafeln, kart. **DM 12,80**/S 99.–

**Natursammlers Kochbuch**
Wildfrüchte und -gemüse, Pilze, Kräuter – finden und zubereiten. (4040) Von Christa-Maria Kerler, 140 S., 12 Farbtafeln, gebunden. **DM 19,80**/S 159.–

**Miekes Kräuter- und Gewürzkochbuch**
(0323) Von Irmgard Persy und Klaus Mieke, 96 S., 8 Farbtafeln, kart. **DM 8,80**/S 74.–

Haltbar machen durch **Trocknen und Dörren**
(0696) Von Maren Bustorf-Hirsch, 32 S., 42 Farbfotos, Spiralbindung. **DM 7,80**/ S 69.–

**Alles über Einkochen, Einlegen, Einfrieren**
Gesund und herzhaft. (4055) Von Birgit Müller, 152 S., 16 Farbtafeln, kart. **DM 12,80**/S 99.–

**Einkochen**
nach allen Regeln der Kunst. (0405) Von Birgit Müller, 128 S., 8 Farbtafeln, kart. **DM 9,80**/S 79.–

**Das neue Fritieren**
geruchlos, schmackhaft und gesund. (0365) Von Petra Kühne, 96 S., 8 Farbtafeln, kart. **DM 7,80**/S 69.–

**Weltmeister-Soßen**
Die Krönung der feinen Küche. (0357) Von Giovanni Cavestri, 96 S., 14 Farbtafeln, kart. **DM 9,80**/S 79.–

**Wildgerichte**
einfach bis raffiniert. (5115) Von Margrit Gutta, 64 S., 43 Farbfotos, Pappband. **DM 12,80**/S 99.–

**Geflügel**
Die besten Rezepte aus aller Welt. (5050) Von Margrit Gutta, 64 S., 32 Farbfotos, Pappband. **DM 12,80**/S 99.–

**Raffinierte Steaks**
und andere Fleischgerichte. (5043) Von Gerhard Eckert, 64 S., 43 Farbfotos, Pappband. **DM 12,80**/S 99.–

Mehr Freude und Erfolg beim **Grillen**
(4141) Von Alfred Berliner, 160 S., 147 Farbfotos, 10 farbige Zeichnungen, Pappband. **DM 24,80**/S 198.–

**Grillen**
– drinnen und draußen. (4047) Von Claus Arius, 152 S., 30 Farbtafeln, kart. **DM 12,80**/S 99.–

**Grillen**
Fleisch · Fisch · Beilagen · Soßen. (5001) Von Elke Fuhrmann, 64 S., 38 Farbfotos, Pappband. **DM 12,80**/S 99.–

**Chinesisch kochen**
Schmackhafte Rezepte für die abwechslungsreiche Küche. (5011) Von Anneliese und Gerhard Eckert, 64 S., 57 Farbfotos, Pappband. **DM 12,80**/S 99.–

**Chinesisch kochen**
mit dem WOK-Topf und dem Mongolen-Topf. (0557) Von Christiane Korn, 64 S., 8 Farbtafeln, kart. **DM 7,80**/S 69.–

**Japanische Küche**
schmackhaft und bekömmlich. (5087) Von Hiroko Toi, 64 S., 36 Farbfotos, Pappband. **DM 12,80**/S 99.–

**Ostasiatische Küche**
schmackhaft, bekömmlich und vielseitig. (5066) Von Taki Sozuki, 64 S., 39 Farbfotos, Pappband. **DM 12,80**/S 99.–

**Nordische Küche**
Speisen und Getränke von der Küste. (5082) Von Jutta Kürtz, 64 S., 44 Farbfotos, Pappband. **DM 12,80**/S 99.–

**Deutsche Spezialitäten**
(5025) Von Elke Fuhrmann, 64 S., 52 Farbfotos, Pappband. **DM 12,80**/S 99.–

**Französisch kochen**
(5016) Von Margrit Gutta, 64 S., 35 Farbfotos, Pappband. **DM 12,80**/S 99.–

**Französische Küche**
(0685) Von Margrit Gutta, 96 S., 16 Farbtafeln, kart., **DM 8,80**/S 74.–

Kochen und würzen mit **Knoblauch**
(0725) Von A. und G. Eckert, 96 S., 8 Farbtafeln, kart. **DM 7,80**/S 69.–

Schlemmerreise durch die **italienische Küche**
(4172) Von Velio Pifferi, 160 S., 109 Farbfotos, Pappband. **DM 24,80**/ S 198.–

**Italienische Küche**
(5026) Von Margrit Gutta, 64 S., 35 Farbfotos, Pappband. **DM 12,80**/S 99.–

**Portugiesische Küche**
und Weine · Kulinarische Reise durch Portugal. (0607) Von Enrique Kasten, 96 S., 16 Farbtafeln, kart. **DM 9,80**/S 79.–

**Raffinierte Rezepte mit Oliven**
(5119) Von Lutz Helger, 64 S.,
53 Farbfotos, 4 Zeichnungen, Pappband.
**DM 14,80**/S 119.–

**Köstliche Pizzas, Toasts, Pasteten**
(5081) Von Anneliese und Gerhard Eckert, 64 S., 48 Farbfotos, Pappband.
**DM 12,80**/S 99.–

**Internationale Spezialitäten**
(4130) Von Christine Schönherr, 240 S., 116 Farbfotos, gebunden.
**DM 48,–**/S 398.–

**Köstliche Pilzgerichte**
Rezepte für die meistvorkommenden Speisepilze. (5133) Von Valerie Spicker-Noack, Martin Knoop, 64 S., 52 Farbfotos, Pappband. **DM 12,80**/S 99.–

**Am Tisch zubereitet**
(4152) Von Ilse Otto, 208 S.,
12 Farbtafeln, 17 s/w-Fotos, Pappband.
**DM 24,80**/S 198.–

**Fondues**
(5006) Von Eva Exner, 64 S., 50 Farbfotos, Pappband. **DM 12,80**/S 99.–

**Fondues**
und fritierte Leckerbissen. (0471) Von Stefanie Stein, 80 S., 8 Farbtafeln, kart.
**DM 6,80**/S 59.–

**Fondues · Raclettes · Flambiertes**
(4081) Von Renate Peiler und Marie-Louise Schult, 136 S., 15 Farbtafeln, 28 Zeichnungen, kart. **DM 12,80**/S 99.–

**Neue, raffinierte Rezepte mit dem Raclettegrill**
(0558) Von Lutz Helger, 56 S., 8 Farbtafeln, kart. **DM 7,80**/S 69.–

**Rezepte rund um Raclette und Hobby-Rechaud**
(0420) Von Jack W. Hochscheid, 72 S., 15 Farbtafeln, kart. **DM 7,80**/S 69.–

**Die große farbige Kalte Küche**
Vom Partyhappen zum Kalten Buffet (4134) Von Christine Schönherr, 400 S., über 220 farbigen Abb., gebunden
**DM 33,–**/S 268.–

**Kleine Kalte Küche**
für Alltag und Feste. (5097) Von Anneliese und Gerhard Eckert, 64 S., 45 Farbfotos, Pappband.
**DM 12,80**/S 99.–

**Kalte Platten**
(4064) Von Maitre Pierre Pfister, 240 S., 135 großformatige Farbfotos, gebunden.
**DM 48,–**/S 398.–

**Kalte Platten – Kalte Büfetts**
(5015) Von Margrit Gutta, 64 S.,
34 Farbfotos, Pappband.
**DM 12,80**/S 99.–

**Kalte Happen**
und Partysnacks. (5029) Von Dolly Peters. 64 S., 35 Farbfotos, Pappband.
**DM 12,80**/S 99.–

**Salate**
(4119) Von Christine Schönherr, 240 S., 115 Farbfotos, gebunden.
**DM 48,–**/S 389.–

**Salate für alle Gelegenheiten**
(5002) Von Elke Fuhrmann, 64 S.,
47 Farbfotos, Pappband.
**DM 12,80**/S 99.–

**111 köstliche Salate**
Erprobte Rezepte mit Pfiff. (0222) Von Christine Schönherr, 96 S., 8 Farbtafeln, 30 Zeichnungen, kart. **DM 8,80**/S 74.–

**Salate**
Das köstlich knackige Schlemmervergnügen. (4165) Von Veronika Müller, 160 S., 79 Farbfotos, Pappband,
**DM 24,80**/S 198.–

**Desserts**
(5020) Von Margrit Gutta, 64 S.,
38 Farbfotos, Pappband.
**DM 12,80**/S 99.–

**Süße Nachspeisen**
(0601) Von Petra Lohmann, 96 S.,
8 Farbtafeln, 28 Zeichnungen, kart.
**DM 8,80**/S 74.–

**Crêpes, Omeletts und Soufflés**
Pikante und süße Spezialitäten. (5131) Von Jutta Rosenkranz, 64 S., 45 Farbfotos, Pappband. **DM 12,80**/S 99.–

**Backen**
(4113) Von Margrit Gutta, 240 S.,
123 Farbfotos, gebunden.
**DM 48,–**/S 398.–

**Kuchen und Torten**
(5067) Von Marlies Sauerborn, 64 S.,
79 Farbfotos, Pappband.
**DM 12,80**/S 99.–

**Schönes Hobby: Backen**
Erprobte Rezepte mit modernen Backformen. (0451) Von Elke Blome, 96 S., 8 Farbtafeln, kart.
**DM 7,80**/S 69.–

**Kleingebäck**
Plätzchen · Kekse · Guetzli. (5089) Von Margrit Gutta, 64 S., 50 Farbfotos, Pappband. **DM 12,80**/S 99.–

**Weihnachtsbäckerei**
Köstliche Plätzchen, Stollen, Honigkuchen und Festtagstorten. (0682) Von Marlies Sauerborn, 32 S., 34 Farbfotos, Spiralbindung. **DM 6,80**/S 59.–

**Waffeln**
süß und pikant. (0522) Von Christiane Stephan, 64 S., 4 Farbtafeln, kart.
**DM 6,80**/S 59.–

Mehr Freude und Erfolg beim
**Brotbacken**
(4148) Von Anneliese und Gerhard Eckert, 160 S., 177 Farbfotos, Pappband.
**DM 24,80**/S 198.–

**Brotspezialitäten**
knusprig backen – herzhaft kochen. (5088) Von Jack W. Hochscheid und Lutz Helger, 64 S., 50 Farbfotos, Pappband.
**DM 12,80**/S 99.–

**Selbst Brotbacken**
Über 50 erprobte Rezepte. (0370) Von Jens Schiermann, 80 S., 6 Zeichnungen, 4 Farbtafeln, kart. **DM 6,80**/S 59.–

**Meine Vollkornbackstube**
Brot · Kuchen · Aufläufe. (0616) Von Rita Raffelt, 96 S., 4 Farbtafeln, 4 s/w-Fotos, 8 Zeichnungen, kart. **DM 6,80**/S 59.–

**Backen, was allen schmeckt**
Kuchen, Torten, Gebäck und Brot (4166) Von Elke Blome, 556 S., 40 Farbtafeln, Pappband. **DM 19,80**/S 159.–

**Kochen für Diabetiker**
Gesund und schmackhaft für die ganze Familie. (4132) Von M. Toeller, W. Schumacher, A. C. Groote, 224 S., 109 Farbfotos, 94 Zeichnungen, gebunden. **DM 26,80**/S 218.–

**Neue Rezepte für Diabetiker-Diät**
Vollwertig – abwechslungsreich – kalorienarm. (0418) Von Monika Oehlrich, 120 S., 8 Farbtafeln, kart.
**DM 9,80**/S 79.–

**Schlemmertips für Figurbewußte**
(0680) Von Volker Kahn, 64 S.,
8 Farbtafeln, kart. **DM 9,80**/S 79.–

**Wer schlank ist, lebt gesünder**
Tips und Rezepte zum Schlankwerden und -bleiben. (0562) Von Renate Mainer, 80 S., 8 Farbtafeln, kart.
**DM 8,80**/S 74.–

**Kalorien – Joule**
Eiweiß · Fett · Kohlenhydrate tabellarisch nach gebräuchlichen Mengen. (0374) Von Marianne Bormio, 88 S., kart., **DM 5.80**/49.–

**Die 4444-Joule-Diät**
Schlankessen mit Genuß. (0530) Von Hans J. Fahrenkamp, 160 S., 8 Farbtafeln, kart., **DM 9,80**/S 79.–

**Alles mit Joghurt**
tagfrisch selbstgemacht. Mit vielen Rezepten. (0382) Von Gerda Volz, 88 S., 8 Farbtafeln, kart., **DM 7,80**/S 69.–

**Die Brot-Diät**
Ein Schlankheitsplan ohne Extreme. (0452) Von Prof. Dr. Erich Menden und Waltraud Aign, 92 S., 8 Farbtafeln, kart., **DM 7,80**/S 69.–

**Rohkost**
abwechslungsreich · schmackhaft · gesund. (5044) Von Ingrid Gabriel, 64 S., 53 Farbfotos, Pappband.
**DM 12.80**/S 99.–

**Neue Cocktails und Drinks**
mit und ohne Alkohol. (0517) Von Siegfried Späth, 128 S., 4 Farbtafeln, kart., **DM 9,80**/S 79.–

**Mixen mit und ohne Alkohol**
(5017) Von Holger Hofmann, 64 S.,
35 Farbfotos, Pappband.
**DM 12.80**/S 99.–

**Cocktails und Mixereien**
(0075) Von Jonny Walker, 104 S.,
4 Farbtafeln, kart. **DM 6,80**/S 59.–

**Die besten Punsche, Grogs und Bowlen**
(0575) Von Friedel Dingden, 64 S.,
2 Farbtafeln, kart. **DM 6,80**/S 59.–

**Weinlexikon**
Wissenswertes über die Weine der Welt. (4149) Von Urban Keller, 228 S.,
6 Farbtafeln, 395 s/w-Fotos, Pappband.
**DM 29,80**/S 239.–

Köstliches Lebenselixier **Wein**
(2204) Von Heinz Steffan, 80 S.,
73 Farbfotos, Pappband.
**DM 9,80**/S 85.–

Von der Romantik der blauen Stunde
**Cocktails und Drinks**
(2209) Von Siegfried Späth, 80 S.,
25 Farbfotos und Zeichnungen, Pappband. **DM 9,80**/S 85.–

Vom Genuß des braunen Goldes **Kaffee**
(2213) Von Helmut Strutzmann, 80 S.,
49 Fotos, Pappband. **DM 9,80**/S 85.–

**Kaffee für Genießer**
(0492) Von Christiane Barthel, 88 S.,
8 Farbtafeln, kart. **DM 6,80**/S 59.–



FALKEN VERLAG

Die Preise entsprechen dem Status beim Druck dieses

**Heißgeliebter Tee**
Sorten, Rezepte und Geschichte. (4114) Von Curt Maronde, 153 S., 16 Farbtafeln, 93 Zeichnungen, gebunden.
**DM 24,80**/S 198.–

**Tee für Genießer.**
Sorten · Riten · Rezepte. (0356) Von Marianne Nicolin, 64 S., 4 Farbtafeln, kart. **DM 5,80**/S 49.–

**Tee**
Herkunft · Mischungen · Rezepte. (0515) Von Sonja Ruske, 96 S., 4 Farbtafeln, viele Abbildungen, Pappband.
**DM 9,80**/S 79.–

**Vom höchsten Genuß des Teetrinkens**
(2201) Von Inge Ubenauf, 80 S., 57 Farbfotos, Pappband.
**DM 9,80**/S 85.–

**Mitbringsel aus meiner Küche**
(0668) Von Christine Schönherr, 32 S., 30 Farbfotos, Spiralbindung.
**DM 7,80**/S 69.–

**Kinder lernen spielend backen**
(5110) Von Margrit Gutta, 64 S., 50 Farbfotos, Pappband.
**DM 12,80**/S 99.–

**Kinder lernen spielend kochen**
(5096) Von Margrit Gutta, 64 S., 45 Farbfotos, Pappband.
**DM 12,80**/S 99.–

**Biologisch Backen**
Neue Rezeptideen für Kuchen, Brote, Kleingebäck aus vollem Korn
(4174) Von Maren Bustorf-Hirsch, 136 S., 15 Farbtafeln, 47 Zeichnungen, kart.
**DM 14,80**/S 119.–

**Das Reformhaus-Kochbuch**
Gesunde Ernährung mit hochwertigen Naturprodukten
(4180) Von A. u. G. Eckert, 160 S., 15 Farbtafeln, Pbd., **DM 24,80**/S 198.–

**Biologische Ernährung**
für eine natürliche und gesunde Lebensweise. (4125) Von C. Leibold, 136 S., 15 Farbtafeln, 47 Zeichnungen, kart. **DM 12,80**/S 99.–

**Biologisch Kochen**
– vitaminreich und naturbelassen (4162) Von Maren Bustdorf-Hirsch und Karin Siegel, 144 S., 15 Farbtafeln, 51 Zeichnungen, kart., **DM 14,80**/S 119.–

Gesund leben – schlank werden mit der **Bio-Kur**
(0657) Von Sylvia Winter, 144 S., 48 Farbtafeln, kart. **DM 9,80**/S 79.–

# Hobby

**Aquarellmalerei**
als Kunst und Hobby. (4147) Von Horst Haack und Brigitte Wersche, 136 S., 62 Farbfotos, 119 Zeichnungen, gebunden **DM 39,–**/S 319,–

**Aquarellmalerei**
Materialien · Techniken · Motive. (5099) Von Thomas Hinz, 64 S., 79 Farbfotos, Pappband. **DM 12,80**/S 99,–

**Naive Malerei**
leicht gemacht. (5083) Von Felizitas Krettek, 64 S., 76 Farbfotos, Pappband.
**DM 12,80**/S 99,–

**Zeichnen Sie mal – malen Sie mal.**
(5095) Von Ferry Ahrlé und Volker Kühn, 112 S., 16 Farbtafeln, viele Zeichnungen, kart. **DM 14,80**/S 119,–

**Bauernmalerei**
als Kunst und Hobby. (4057) Von Arbo Gast und Hannie Stegmüller, 128 S., 239 Farbfotos, 26 Riß-Zeichnungen, gebunden. **DM 39,–**/S 319,–

**Hobby-Bauernmalerei**
(0436) Von Senta Ramos und Jo Roszak, 80 S., 116 Farbfotos und 28 Motivvorlagen, kart. **DM 19,80**/S 159,–

**Bauernmalerei**
Kreatives Hobby nach alter Volkskunst (5039) Von Senta Ramos, 64 S., 78 Farbfotos, Pappband.
**DM 12,80**/S 99,–

**Glasmalerei**
als Kunst und Hobby. (4088) Von Felizitas Krettek und Suzanne Beeh-Lustenberger, 132 S., 182 Farbfotos, 36 Motivvorlagen, gebunden.
**DM 39,–**/S 319,–

**Glasritzen**
Materialien, Formen, Motive. (5109) Von Gerlind Mégroz, 64 S., 110 Farbfotos, 15 Zeichnungen, Pappband.
**DM 14,80**/S 119,–

**Brandmalerei**
leicht gemacht. (5106) Von Klaus Reinhardt, 64 S., 68 Farbfotos, 23 Zeichnungen, Pappband. **DM 12,80**/S 99,–

**Zauberhafte Seidenmalerei**
Materialien · Techniken · Gestaltungsvorschläge. (0664) Von Erika Dorn, 32 S., 62 Farbfotos, Spiralbindung.
**DM 6,80**/S 59,–

**Hobby Seidenmalerei**
(0611) Von Renate Henge, 88 S., 106 Farbfotos, 28 Zeichnungen, kart.
**DM 19,80**/S 159,–

**Hobby Stoffdruck und Stoffmalerei**
(0555) Von Anneliese Ursin, 80 S., 68 Farbfotos, 68 Zeichnungen, kart.
**DM 19,80**/S 159,–

**Stoffmalerei und Stoffdruck**
leicht gemacht. (5074) Von Heide Gehring, 64 S., 110 Farbfotos, Pappband.
**DM 12,80**/S 99,–

**Batik**
leicht gemacht. (5112) Von Arbo Gast, 64 S., 105 Farbfotos, Pappband.
**DM 12,80**/S 99,–

**Schöne Geschenke selbermachen**
(4128) Von Marlene Kühnle, 128 S., 278 Farbfotos, 85 farbige Zeichnungen, gebunden. **DM 39,–**/S 319,–

**Schöne Sachen selbermachen**
88 Ideen zum Modellieren und Verschenken. (5117) Von Evelyn Guder-Thelen, 64 S., 73 Farbfotos, Pappband.
**DM 12,80**/S 99,–

**Flechten**
mit Bast, Stroh und Peddigrohr. (5098) Von Hanne Hangleiter, 64 S., 47 Farbfotos, 76 Zeichnungen, Pappband. **DM 12,80**/S 99,–

**Makramee**
als Kunst und Hobby. (4085) Von Eva Andersen, 128 S., 114 Farbfotos, 157 s/w-Fotos, gebunden.
**DM 39,–**/S 319,–

**Makramee**
Knüpfarbeiten leicht gemacht. (5075) Von Birte Pröttel, 64 S., 95 Farbfotos, Pappband. **DM 12,80**/S 99,–

**Häkeln**
Schritt für Schritt für Rechts- und Linkshänder. (5134) Von Hella Klaus, 64 S., 120 Farbfotos, 144 Zeichnungen, Pappband. **DM 14,80**/S 119,–

**Häkeln und Makramee**
Techniken · Geräte · Arbeitsmuster. (0320) Von Dr. Marianne Stradal, 104 S., 191 Abbildungen und Schemata, kart.
**DM 6,80**/S 59,–

**Sticken**
Schritt für Schritt für Rechts- und Linkshänder. (5135) Von Ute Werner, 64 S., 196 Farbfotos, 96 Zeichnungen, Pappband. **DM 14,80**/S 119,–

Falken-Handbuch **Stricken**
ABC der Stricktechniken und Strickmuster in ausführlichen Schritt-für-Schritt-Bildfolgen. (4137) Von Maria Natter, 312 S., 32 Farbtafeln, über 800 Fotos und Zeichnungen, Pappband.
**DM 29,80**/S 239,–

**Selbstgestrickte Puppen**
Materialien und Arbeitsanleitungen. (0638) Von Bertl Wehrle, 32 S., 23 Farbfotos, 24 Zeichnungen, Spiralbindung.
**DM 6,80**/S 59,–

**Strick mit!**
Ein Kurs für Anfänger. (5094) Von Birte Pröttel, 120 S., 72 Farbfotos, 188 s/w-Abb., kart. **DM 14,80**/S 119,–

**Stoff- und Kuscheltiere**
stricken, häkeln, nähen. (5090) Von Birte Pröttel, 64 S., 50 Farbfotos, Pappband.
**DM 12,80**/S 99,–

**Textiles Gestalten**
Weben, Knüpfen, Batiken, Sticken, Objekte und Strukturen. (5123) Von Johann Fricke, 136 S., 67 Farb- und 189 s/w-Fotos, 15 Zeichnungen, kart.
**DM 16,80**/S 139,–

**Gestalten mit Glasperlen**
Fädeln · Sticken · Weben (0640) Von Angelika Köhler, 32 S., 55 Farbfotos, Spiralbindung. **DM 6,80**/S 59,–

**Marionetten**
Entwerfen · Gestalten · Führen (5118) Von Axel Krause und Alfred Bayer, 64 S., 83 Farbfotos, 2 s/w-Fotos, 40 Zeichnungen, Pappband. **DM 14,80**/S 119,–

**Arbeiten mit Ton**
(5048) Von Johann Fricke, 128 S., 15 Farbtafeln, 166 s/w-Fotos, kart.
**DM 14,80**/S 119,–

**Töpfern**
als Kunst und Hobby. (4073) Von Johann Fricke, 132 S., 37 Farbfotos, 222 s/w-Fotos, gebunden. **DM 29,80**/S 239,–

**Neue zauberhafte Salzteig-Ideen**
(0719) Von Isolde Kiskalt, 80 S., 320 Farbfotos, 12 Zeichnungen, kart., **DM 19,80**/S 159.–

**Hobby Salzteig**
(0662) Von Isolde Kiskalt, 80 S., 150 Farbfotos, 5 Zeichnungen, Schablonen, kart. **DM 19,80**/S 159,–

**Gestalten mit Salzteig**
Formen · Bemalen · Lackieren. (0613) Von Wolf-Ulrich Cropp, 32 S., 56 Farbfotos, 17 Zeichnungen, Spiralbindung. **DM 7,80**/S 69,–

**Buntbemalte Kunstwerke aus Salzteig**
Figuren, Landschaften und Wandbilder. (5141) Von Gabi Belli, 64 S., 165 Farbfotos, 1 Zeichnung, Pappband. **DM 12,80**/S 99.–

**Tiffany-Lampen selbermachen**
(0684) Von Ingeborg Spliethoff, 32 S., 60 Farbfotos, Spiralbindung. **DM 7,80**/S 69,–

**Kerzen und Wachsbilder**
gießen · modellieren · bemalen. (5108) Von Christa Riess, 64 S., 110 Farbfotos, Pappband. **DM 12,80**/S 99,–

**Zinngießen**
leicht gemacht. (5076) Von Käthi Knauth, 64 S., 85 Farbfotos, Pappband. **DM 12,80**/S 99,–

**Schmuck und Objekte aus Metall und Email**
(5078) Von Johann Fricke, 120 S., 183 Abbildungen, kart. **DM 16,80**/S 139,–

**Leder**
schneiden · prägen · besticken. (5125) Von Karl-Heinz Bühler, 64 S., 54 Farbfotos, 32 Zeichnungen, Pappband. **DM 14,80**/S 119,–

**Hobby Holzschnitzen**
Von der Astholzfigur zur Vollplastik. (5101) Von Heinz-D. Wilden, 112 S., 16 Farbtafeln, 135 s/w-Fotos, kart. **DM 16,80**/S 139,–

**Papiermachen**
ein neues Hobby. (5105) Von Ralf Weidenmüller, 64 S., 84 Farbfotos, 9 s/w-Fotos, 14 Zeichnungen, Pappband. **DM 14,80**/S 119,–

Falken-Handbuch **Heimwerken**
Reparieren und selbermachen in Haus und Wohnung – über 1100 Farbfotos. Sonderteil: Praktisches Energiesparen. (4117) Von Thomas Pochert, 440 S., 1103 Farbfotos. 100 ein- und zweifarbige Abb., gebunden. **DM 49,–**/S 398,–

**Restaurieren von Möbeln** Stilkunde, Materialien, Techniken, Arbeitsanleitungen. (4120) Von Ellinor Schnaus-Lorey, 152 S., 418 Zeichnungen, s/w-und Farbfotos, gebunden. **DM 39,–**/S 319,–

**Möbel aufarbeiten, reparieren, pflegen**
(0386) Von Ellinor Schnaus-Lorey, 96 S., 28 Fotos und 101 Zeichnungen, kart., **DM 6,80**/S 59,–

**Gestalten mit Naturmaterialien**
Zweige, Kerne, Federn, Muscheln und anderes. (5128) Von Ilse Krohn, 64 S., 101 Farbfotos, 11 farbige Zeichnungen, Pappband. **DM 14,80**/S 119,–

**Dauergestecke**
mit Zweigen, Trocken- und Schnittblumen. (5121) Von Gabriele Vocke, 64 S., 57 Farbfotos, Pappband. **DM 14,80**/S 119,–

**Blumengestecke im Ikebanastil**
(5041) Von Gabriele Vocke, 64 S., 37 Farbfotos, viele Zeichnungen, kart. **DM 14,80**/S 119,–

**Trockenblumen und Gewürzsträuße**
(5084) Von Gabriele Vocke, 64 S., 63 Farbfotos, Pappband. **DM 12,80**/S 99,–

**Hobby Trockenblumen**
Gewürzsträuße, Gestecke, Kränze, Buketts. (0643) Von Rosemie Strobel-Schulze, 88 S., 170 Farbfotos, kart. **DM 19,80**/S 159,–

**Hobby Gewürzsträuße**
Zauberhafte Gebinde nach Salzburger Art (0726) Von Anneliese Ott, 80 S., 101 Fotos, 51 Zeichnungen, kart., **DM 19,80**/S 159.–

**Modellieren**
mit selbsthärtendem Material. (5085) Von Klaus Reinhardt, 64 S., 93 Farbfotos, Pappband. **DM 12,80**/S 99,–

**Formen mit Backton**
Töpfern ohne Brennofen. (0612) Von Angelika Köhler, 32 S., 51 Farbfotos, Spiralbindung. **DM 7,80**/S 69,–

**Keramik kreativ gestalten**
(5072) Von Ewald Stark, 64 S., 117 Farbfotos, Pappband. **DM 12,80**/S 99,–

**Formen gießen und bemalen**
(0639) Von Heidemarie Berger, 32 S., 46 Farbfotos, Spiralbindung. **DM 6,80**/S 59.–

**Porzellanpuppen**
Zauberhafte alte Puppen selbst nachbilden. (5138) Von Carol Ann und Debbie Stanton, 64 S., 58 Farbtafeln, 22 Zeichnungen, Pappband. **DM 16,80**/S 139.–

**Vogelhäuschen, Nistkästen, Vogeltränken** mit Plänen und Anleitungen zum Selbstbau. (0695) Von Joachim Zech, 32 S., 42 Farbfotos, 5 Zeichnungen, Spiralbindung. **DM 7,80**/S 69.–

**Das Herbarium**
Pflanzen sammeln, bestimmen und pressen. Gestalten mit Blüten, Blättern und Gräsern. (5113) Von Ingrid Gabriel, 96 S., 140 Farbtafeln, 6 farbige Zeichnungen, Pappband. **DM 16,80**/S 139,–

**Ikebana**
Einführung in die japanische Kunst des Blumensteckens. (0548) Von Gabriele Vocke, 152 S., 47 Farbfotos, kart. **DM 19,80**/S 159,–

**Origami –**
die Kunst des Papierfaltens. (0280) Von Robert Harbin, 160 S., über 600 Zeichnungen, kart. **DM 9,80**/S 79,–

**Advent und Weihnachten**
Basteln – Backen – Schmücken – Feuern. (4067) Von Margrit Gutta, Hanne Hangleiter, Felicitas Buttig, Ingeborg Rathmann, Gabriele Vocke, 152 S., 15 Farbtafeln, zahlr. Abb., kart. **DM 12,80**/S 99,–

**Weihnachtsbasteleien**
(0667) Von Marlene Kühnle und Sven Beck, 32 S., 56 Farbfotos, 6 Zeichnungen, Spiralbindung. **DM 6,80**/S 59,–

**Stricken**
Schritt für Schritt für Rechts- und Linkshänder. (5142) Von Sabine Oelwein-Schefczik. 64 S., 148 Farbfotos, 173 Zeichnungen, Pappband, **DM 14,80**/S 119.–

**Kuscheltiere stricken und häkeln**
(0734) Von Bertl Wehrle, 32 S., 60 Farbfotos, 28 Zeichnungen, Spiralbindung, **DM 7,80**/S 69.–

**Schritt für Schritt zum Scherenschnitt**
(0732) Von Heide Klingmüller, 32 S., 38 Farbfotos, 34 Vorlagen, Spiralbindung, **DM 7,80**/S 69.–

**Dekorative Rupfenpuppen**
Arbeitsanleitungen und Gestaltungsvorschläge. (0733) Von Bärbel Wenzelburger, 32 S., 57 Farbfotos, 14 Zeichnungen, Spiralbindung, **DM 7,80**/S 69.–

**Pullover, Westen, Ensembles, Jacken**
(4178) Von Ruth Weber, 208 S., 220 Farbfotos, 358 Zeichnungen, Pappband, **DM 29,80**/S 239.–



Die Preise entsprechen dem Status beim Druck dieses

# Freizeit

**Aktfotografie**
Gestaltung, Technik, Spezialeffekte (0737) Von Prof. Heinz Wedewardt, 88 S., 144 Farb- und 6 s/w-Fotos, 6 Zeichnungen, kart., **DM 19,80**/S 159.–

**Videokassette Aktfotografie**
Laufzeit ca. 60 Min. In Farbe. VHS (6001), Video 2000 (6002), Beta (6003) **DM 98,–**/S 882.–

**Moderne Fotopraxis**
Bildgestaltung · Aufnahmepraxis · Kameratechnik · Fotolexikon. (4030) Von Wolfgang Freihen, 304 S., 50 Farbfotos, 194 s/w-Abb., gebunden. **DM 36,–**/S 298,–

**So macht man bessere Fotos**
Das meistverkaufte Fotobuch der Welt. (0614) Von Martin L. Taylor, 192 S., 457 Farbfotos, 15 Abb., kart. **DM 14,80**/ S 119,–

Falken-Handbuch
**Dunkelkammerpraxis**
Laboreinrichtung · Arbeitsabläufe Fehlerkatalog. Mit den neuesten Farbentwicklungsverfahren. (4140) Von Eugen Pauli, 200 S., 54 Farbfotos, 239 s/w-Fotos, 171 Zeichnungen, Pappband. **DM 29,80**/ S 239,–

Falken-Handbuch **Trickfilmen**
Flach-, Sach- und Zeichentrickfilme – von der Idee zur Ausführung. (4131) Von Heinz-D. Wilden, 144 S., über 430 überwiegend farbige Abb., gebunden. **DM 39,–**/S 319,–

**Moderne Schmalfilmpraxis**
Ausrüstungen · Drehbuch · Aufnahme Schnitt · Vertonung. (4043) Von Uwe Ney, 328 S., über 200 Abb., gebunden. **DM 29,80**/S 239,–

**Schmalfilmen**
Ausrüstung · Aufnahmepraxis · Schnitt Ton. (0342) Von Uwe Ney, 108 S., 4 Farbtafeln, 25 s/w-Fotos, kart. **DM 9,80**/S 79,–

**Schmalfilme selbst vertonen**
(0593) Von Uwe Ney, 96 S., 57 s/w-Fotos, 14 Zeichnungen, kart. **DM 9,80**/S 79,–

Falken-Handbuch **Videofilmen**
Systeme, Kameras, Aufnahme, Ton und Schnitt. (4093) Von Peter Lanzendorf, 288 S., 8 Farbtafeln, 165 s/w-Fotos, 25 Zeichnungen, gebunden. **DM 36,–**/S 298,–

**Ferngelenkte Motorflugmodelle**
bauen und fliegen. (0400) Von Werner Thies, 184 S., mit Zeichnungen und Detailplänen, kart. **DM 12,80**/S 99,–

**Modellflug-Lexikon**
(0549) Von Werner Thies, 280 S., 98 s/w-Fotos, 234 Zeichnungen, Pappband. **DM 36,–**/S 298,–

**Flugmodelle**
bauen und einfliegen. (0361) Von Werner Thies und Willi Rolf, 160 S., 63 Abb., 7 Faltpläne, kart. **DM 12,80**/S 99,–

**Kleine Welt auf Rädern**
Das faszinierende Spiel mit **Modelleisenbahnen** (4175) Von Florian Eisen, 256 S., 72 Farb- und 180 s/w-Fotos, 25 Zeichnungen, Pappband. **DM 29,80**/ S 239.–

**Fotografie – Das Schöne als Ziel**
Zur Ästhetik und Psychologie der visuellen Wahrnehmung. (4122) Von Ewald Stark, 208 S., 252 Farbfotos, 63 Zeichnungen, Ganzleinen. **DM 78,–**/S 624,–

**Freude am Fotografieren**
(4127) Von der Fachredaktion Kodak, 312 S., über 500 Farbfotos, Pappband. **DM 48,–**/S 398,–

**Raketen auf Rädern**
Autos und Motorräder an der Schallgrenze. (4220) Von Hans G. Isenberg, 96 S., 112 großformatige Farbfotos, 21 s/w-Fotos, Pappband. **DM 24,80**/S 198,–

**Die rasantesten Rallyes der Welt**
(4213) Von Hans G. Isenberg und Dirk Maxeiner, 96 S., 116 großformatige Farbfotos, Pappband. **DM 24,80**/S 198,–

**Auto-Rallyes für jedermann**
Planen – ausrichten – mitfahren. (0457) Von Rüdiger Hagelberg, 104 S., kart. **DM 9,80**/S 79,–

**Die schnellsten Autos der Welt**
(4201) Von Hans G. Isenberg und Dirk Maxeiner, 96 S., 110 meist vierfarbige Abb., Pappband. **DM 24,80**/S 198,–

**Trucks**
Giganten der Landstraßen in aller Welt. (4222) Von Hans G. Isenberg, 96 S., 131 Farbfotos, Pappband. **DM 24,80**/S 198,–

**CB-Code**
Wörterbuch und Technik. (0435) Von Richard Kerler, 120 S., mit technischen Abb., kart. **DM 7,80**/S 69,–

**Ferngelenkte Elektromodelle**
... bauen und fliegen. (0700) Von Werner Thies, 144 S., 52 s/w-Fotos, 52 Zeichnungen, kart. **DM 16,80**/139.–

**Schiffsmodelle**
selber bauen. (0500) Von Dietmar und Reinhard Lochner, 200 S., 93 Zeichnungen, 2 Faltpläne, kart. **DM 14,80**/S 119,–

**Dampflokomotiven**
(4204) Von Werner Jopp, 96 S., 134 großformatige Farbfotos, Pappband. **DM 24,80**/S 198,–

**Zivilflugzeuge**
Vom Kleinflugzeug zum Überschall-Jet. (4218) Von Richard J. Höhn und Hans G. Isenberg, 96 S., 115 großformatige Farbfotos, Pappband. **DM 24,80**/S 198,–

**Die tollsten Motorflugzeuge aller Zeiten**
(4208) Von Richard J. Höhn und Hans G. Isenberg, 96 S., 86 großformatige Farbfotos, Pappband. **DM 24,80**/S 198,–

**Die schnellsten Motorräder der Welt**
(4206) Von Hans G. Isenberg und Dirk Maxeiner. 96 S., 100 großformatige Farbfotos, Pappband. **DM 24,80**/S 198,–

**Motorrad-Hits**
Chopper, Tribikes, Heiße Öfen (4221) Von Hans G. Isenberg, 96 S., 119 Farbfotos, Pappband. **DM 24,80**/S 198,–

**Ferngelenkte Segelflugmodelle**
bauen und fliegen. (0446) Von Werner Thies, 176 S., 22 s/w-Fotos, 115 Zeichnungen, kart. **DM 14,80**/S 119,–

**ZDF-Freizeitkalender 1985**
(0697) 30 S., 32 Zeichnungen, **DM 12.80**/S 99.–

**Münzen**
Ein Brevier für Sammler. (0353) Von Erhard Dehnke, 128 S., 4 Farbtafeln, 17 s/w-Abb., kart. **DM 9,80**/S 79.–

**Astronomie als Hobby**
Sternbilder und Planeten erkennen und benennen. (0572) Von Detlev Block, 176 S., 16 Farbtafeln, 49 s/w-Fotos, 93 Zeichnungen, kart. **DM 14.80**/S 119.–

**Gitarre spielen**
Ein Grundkurs für den Selbstunterricht. (0534) Von Atti Roßmann, 96 S., 1 Schallfolie, 150 Zeichnungen, kart. **DM 24,80**/S 198.–

Falken-Handbuch **Zaubern**
Über 400 verblüffende Tricks. (4063) Von Friedrich Stutz, 368 S., 1200 Zeichnungen, geb. **DM 29,80**/S 239.–

**Die liebenswerte Welt der Puppen**
(2212) Von Ursula D. Damrau, 80 S., 60 Fotos, Pappband. **DM 9,80**/S 85.–

Entdecken Sie den **Hunsrück**
(2502) Von Gerhard Eckert, 96 S., 60 Farbfotos, kart., **DM 9,80**/S 79.–

Entdecken Sie das **Hochsauerland und den Arnsberger Wald**
(2503) Von Gerhard Eckert, 96 S., 75 Farbfotos, 3 Karten, kart. **DM 9,80**/S 79.–

Entdecken Sie **Kärnten**
(2505) Von Gerhard Eckert, 96 S., 96 Farbfotos, kart. **DM 9,80**/S 79.–

Entdecken Sie den **Bodensee**
(2506) Von Gerhard Eckert, 96 S., 97 Farbfotos, kart. **DM 9,80**/S 79.–

Entdecken Sie das **Montafon**
(2501) Von Gerhard Eckert, 96 S., 82 Farbfotos, kart. **DM 9,80**/S 79.–

**Romantisches Deutschland**
(4168) Von H. Bücken, 160 S., über 350 Fotos, Pappband, **DM 25,–**/S 200.–

**Zaubern**
einfach – aber verblüffend. (2018) Von Dieter Buoch, 84 S., 41 Zeichnungen, kart. **DM 6,80**/S 59.–

**Zaubertricks**
Das große Buch der Magie. (0282) Von Jochen Zmeck, 244 S., 113 Abb., kart. **DM 14,80**/S 119.–

**Magische Zaubereien**
(0672) Von Wilhelm Widenmann, 64 S., 31 Zeichnungen, kart. **DM 7,80**/S 69.–

**Pfeife rauchen**
(2203) Von Walter Hufnagel, 80 S., 77 Farbfotos, 4 s/w-Fotos, 11 Zeichnungen, Pappband. **DM 9,80**/S 85.–

**Mineralien, Steine und Fossilien**
Grundkenntnisse für Hobbysammler. (0437) Von Dieter Stobbe, 96 S., 16 Farbtafeln, 14 s/w-Fotos, 10 Zeichnungen, kart. **DM 9,80**/S 79.–

**Freizeit mit dem Mikroskop**
(0291) Von Martin Deckart, 132 S., 69 s/w-Fotos, 4 Zeichnungen, kart. **DM 9,80**/S 79.–

**Mineralien und Steine**
erkennen und benennen. Farben · Formen · Fundorte. (0409) Von Rudolf Graubner, 136 S., 100 Farbfotos, kart. **DM 14,80**/S 119.–

**Briefmarken**
sammeln für Anfänger. (0481) Von Dieter Stein, 120 S., 4 Farbtafeln, 98 s/w-Abb., kart. **DM 7,80**/S 69.–

# Sport

**Judo**
Grundlagen des Stand- und Bodenkampfes. (4013) Von Wolfgang Hofmann, 244 S., 589 Fotos, gebunden
**DM 29,80** /S 239.–

**Neue Lehrmethoden der Judo-Praxis**
(0424) Von Pierre Herrmann, 223 S., 475 Abb., kart. **DM 16,80** /S 139.–

**Judo**
Grundlagen – Methodik. (0305) Von Mahito Ohgo, 208 S., 1025 Fotos, kart.
**DM 14,80** /S 119.–

**Wir machen Judo**
(5069) Von Riccardo Bonfranchi und Ulrich Klocke, 92 S., mit Bewegungsabläufen in cartoonartigen zweifarbigen Zeichnungen, kart. **DM 12,80** /S 99.–

**Fußwürfe**
für Judo, Karate und Selbstverteidigung. (0439) Von Hayward Nishioka, 96 S., 260 Abb., kart. **DM 9,80** /S 79.–

**Karate für alle**
Karate Selbstverteidigung in Bildern. (0314) Von Albrecht Pflüger, 112 S., 356 s/w-Fotos, kart. **DM 9,80** /S 79.–

**Karate für Frauen und Mädchen**
Sport und Selbstverteidigung. (0425) Von Albrecht Pflüger, 168 S., 259 s/w-Fotos, kart. **DM 9,80** /S 79.–

**Das Karate-Buch Ereignis seit Jahren! Alles Wissen über KARATE – die hohe Kunst der Selbstverteidigung – in einer 8bändigen Buchserie.**

**Nakayamas Karate perfekt 1**
Einführung. (0487) Von Masatoshi Nakayama, 136 S., 605 s/w-Fotos, kart.
**DM 19,80** /S 159.–

**Nakayamas Karate perfekt 2**
Grundtechniken. (0512) Von Masatoshi Nakayama, 136 S., 354 s/w-Fotos, 53 Zeichnungen, kart.
**DM 19,80** /S 159.–

**Nakayamas Karate perfekt 3**
Kumite 1: Kampfübungen. (0538) Von Masatoshi Nakayama, 128 S., 424 s/w-Fotos, kart. **DM 19,80** /S 159.–

**Nakayamas Karate perfekt 4**
Kumite 2: Kampfübungen. (0547) Von Masatoshi Nakayama, 128 S., 394 s/w-Fotos, kart. **DM 19,80** /S 159.–

**Nakayamas Karate perfekt 5**
Kata 1: Heian, Tekki. (0571) Von Masatoshi Nakayama, 144 S., 1229 s/w-Fotos, kart. **DM 19,80** /S 159.–

**Nakayamas Karate perfekt 6**
Kata 2: Bassai-Dai, Kanku-Dai, (0600) Von Masatoshi Nakayama, 144 S., 1300 s/w-Fotos, 107 Zeichnungen, kart. **DM 19,80** /S 159.–

**Nakayamas Karate perfekt 7**
Kata 3: Jitte, Hangetsu, Empi. (0618) Von Masatoshi Nakayama, 144 S., 1988 s/w-Fotos, 105 Zeichnungen, kart.
**DM 19,80** /S 159.–

**Nakayamas Karate perfekt 8**
Gankaku, Jion. (0650) Von Masatoshi Nakayama, 144 S., 1174 s/w-Fotos, kart.
**DM 19,80** /S 159.–

**Kontakt-Karate**
Ausrüstung · Technik · Training. (0396) Von Albrecht Pflüger, 112 S., 238 s/w-Fotos, kart. **DM 14,80** /S 119.–

**Karate-Do**
Das Handbuch des modernen Karate. (4028) Von Albrecht Pflüger, 360 S., 1159 Abb., gebunden. **DM 29,80** /S 239.–

**Bo-Karate**
Kukishin-Ryu – die Techniken des Stockkampfes. ((0447) Von Georg Stiebler, 176 S., 424 s/w-Fotos, 38 Zeichnungen, kart. **DM 16,80** /S 139.–

**Karate I**
Einführung · Grundtechniken. (0227) Von Albrecht Pflüger, 148 S., 195 s/w-Fotos und Zeichnungen, kart.
**DM 9,80** /S 79.–

**Karate II**
Kombinationstechniken · Katas. (0239) Von Albrecht Pflüger, 176 S., 452 s/w-Fotos und Zeichnungen, kart.
**DM 9,80** /S 79.–

**Karate Kata I**
(0683) Von Wolf-Dieter Wichmann, ca. 144 S., ca. 350 Fotos, kart.
**ca. DM 16,80** /S 139.–

Der König des Kung-Fu
**Bruce Lee**
Sein Leben und Kampf. (0392) Von seiner Frau Linda. 136 S., 104 s/w-Fotos, mit großem Bruce-Lee-Poster, kart.
**DM 19,80** /S 159.–

**Bruce Lees Kampfstil 1**
Grundtechniken. (0473) Von Bruce Lee und M. Uyehara, 109 S., 220 Abb., kart.
**DM 9,80** /S 79.–

**Bruce Lees Kampfstil 2**
Selbstverteidigungstechniken. (0486) Von Bruce Lee und M. Uyehara, 128 S., 310 Abb., kart. **DM 9,80** /S 79.–

**Bruce Lees Kampfstil 3**
Trainingslehre. (0503) Von Bruce Lee und M. Uyehara, 112 S., 246 Abb., kart.
**DM 9,80** /S 79.–

**Bruce Lees Kampfstil 4**
Kampftechniken. (0523) Von Bruce Lee und M. Uyehara, 104 S., 211 Abb., kart.
**DM 9,80** /S 79.–

**Bruce Lees Jeet Kune Do**
(0440) Von Bruce Lee, übersetzt von Hans-Jürgen Hesse, 192 S., mit 105 eigenhändigen Zeichnungen von Bruce Lee, kart. **DM 19,80** /S 159.–

**Ju-Jutsu**
Grundtechniken – Moderne Selbstverteidigung. (0276) Von Werner Heim und Franz J. Gresch, 160 S., über 600 s/w-Fotos, kart.
**DM 9,80** /S 79.–

**Ju-Jutsu 2**
für Fortgeschrittene und Meister. (0378) Von Werner Heim und Franz J. Gresch, 164 S., 798 s/w-Fotos, kart.
**DM 19,80** /S 159.–

**Ju-Jutsu 3**
Spezial-, Gegen- und Weiterführungstechniken. (0485) Von Werner Heim und Franz J. Gresch, 214 S., über 600 s/w-Fotos, kart.
**DM 19,80** /S 159.–

**Nunchaku**
Waffe · Sport · Selbstverteidigung. (0373) Von Albrecht Pflüger, 144 S., 247 Abb., kart. **DM 16,80** /S 139.–

**Shuriken · Tonfa · Sai**
Stockfechten und andere bewaffnete Kampfsportarten aus Fernost. (0397) Von Andreas Schulz, 96 S., 253 s/w-Fotos, kart. **DM 12,80** /S 99.–

**Illustriertes Handbuch des Taekwon-Do**
Koreanische Kampfkunst und Selbstverteidigung. (4053) Von Konstantin Gil, 248 S., 1026 Abb., gebunden.
**DM 29,80** /S 239.–

**Taekwon-Do**
Koreanischer Kampfsport. (0347) Von Konstantin Gil, 152 S., 408 Abb., kart.
**DM 12,80** /S 99.–

**Aikido**
Lehren und Techniken des harmonischen Weges. (0537) Von Rolf Brand, 280 S., 697 Abb., kart. **DM 19,80** /S 159.–

**Kung-Fu und Tai-Chi**
Grundlagen und Bewegungsabläufe. (0367) Von Bruce Tegner, 182 S., 370 s/ w-Fotos, kart. **DM 14,80** /S 119.–

**Kung-Fu II**
Theorie und Praxis klassischer und moderner Stile. (0376) Von Manfred Pabst, 160 S., 330 Abb., kart.
**DM 12,80** /S 99.–

**Shaolin-Kempo – Kung-Fu**
Chinesisches Karate im Drachenstil. (0395) Von Ronald Czerni und Klaus Konrad. 246 S., 723 Abbildungen, kart.
**DM 19,80** /S 159.–

**Hap Ki Do**
Grundlagen und Techniken koreanischer Selbstverteidigung. (0379) Von Kim Sou Bong, 112 S., 153 Abb., kart.
**DM 14,80** /S 119.–

**Dynamische Tritte**
Grundlagen für den Zweikampf. (0438) Von Chong Lee, 96 S., 398 s/w-Fotos, 10 Zeichnungen, kart. **DM 9,80** /S 79.–

**Muskeltraining mit Hanteln**
Leistungssteigerung für Sport und Fitness. (0676) Von Hans Schulz, 108 S., 92 s/w-Fotos, 2 Zeichnungen, kart.
**DM 9,80** /S 79.–

**Leistungsfähiger durch Krafttraining**
Eine Anleitung für Fitness-Sportler, Trainer und Athleten (0617) Von Werner Kieser, 100 S., 20 s/w-Fotos, 62 Zeichnungen, kart. **DM 9,80** /S 79.–

**Bodybuilding**
Anleitung zum Muskel- und Konditionstraining für sie und ihn. (0604) Von Reinhard Smolana. 160 S., 172 Fotos, kart. **DM 9,80** /S 79.–

**Bodybuilding für Frauen**
Wege zu Ihrer Idealfigur (0661) Von Hans Schulz, 108 S., 84 s/w-Fotos, großes farbiges Übungsposter, kart.
**DM 14,80** /S 119.–



FALKEN VERLAG

**Isometrisches Training**
Übungen für Muskelkraft und Entspannung. (0529) Von Lothar M. Kirsch, 140 S., 164 s/w-Fotos, kart.
**DM 9,80**/S 79.–

**Radsport**
Radtouristik und Rennen, Technik, Typen. (0550) Von Karl Ziegler und Rolf Lehmann, 120 S., 55 Abb., kart.
**DM 9,80**/S 79.–

**Walking**
Fit, schlank und gesund durch Sportgehen. (0602) Von Gary D. Yanker, 104 S., 47 s/w-Fotos, kart.
**DM 12,80**/S 99.–

**Spaß am Laufen**
Jogging für die Gesundheit. (0470) Von Werner Sonntag, 140 S., 41 s/w-Fotos, 1 Zeichnung, kart. **DM 9,80**/S 79.–

**Mein bester Freund, der Fußball**
(5107) Von Detlev Brüggemann und Dirk Albrecht, 144 S., 171 Abb., kart.
**DM 16,80**/S 139.–

**Fußball**
Training und Wettkampf. (0448) Von Holger Obermann und Peter Walz, 166 S., 93 s/w-Fotos, 56 Zeichnungen, kart.
**DM 12,80**/S 99.–

**Handball**
Technik – Taktik – Regeln. (0426) Von Fritz und Peter Hattig, 128 S., 91 s/w-Fotos, 121 Zeichnungen, kart.
**DM 14,80**/S 119.–

**Volleyball**
Technik – Taktik – Regeln. (0351) Von Henner Huhle, 102 S., 330 Abb., kart.
**DM 9,80**/S 79.–

**Basketball**
Technik und Übungen für Schule und Verein. (0279) Von Chris Kyriasoglou, 116 S., mit 252 Übungen zur Basketballtechnik, 186 s/w-Fotos und 164 Zeichnungen, kart. **DM 12,80**/S 99.–

**Hockey**
Technische und taktische Grundlagen. (0398) Von Horst Wein, 152 S., mit vielen Zeichnungen und Fotos, kart.
**DM 16,80**/S 139.–

**Eishockey**
Lauf- und Stocktechnik, Körperspiel, Taktik, Ausrüstung und Regeln. (0414) Von Josef Capla, 264 S., 507 s/w-Fotos, 163 Zeichnungen, kart.
**DM 19,80**/S 159.–

**Badminton**
Technik · Taktik · Training. (0699) Von Klaus Fuchs, Lars Sologub, 168 S., 51 Farbabb., kart.,
**DM 16,80**/S 139.–

**Golf**
Ausrüstung – Technik – Regeln. (0343) Von J. C. Jessop, übersetzt von Heinz Biemer, mit einem Vorwort von H. Krings, Präsident des Deutschen Golf-Verbandes, 160 S., 65 Abb., Anhang Golfregeln des DGV, kart.
**DM 16,80**/S 139.–

**Pool-Billard**
(0484) Herausgegeben vom Deutschen Pool-Billard-Bund, von Manfred Bach und Karl-Werner Kühn, 88 S., mit über 80 Abb., kart. **DM 7,80**/S 69.–

**Sportschießen**
für jedermann. (0502) Von Anton Kovacic, 124 S., 116 s/w-Fotos, kart.
**DM 14,80**/S 119.–

**Fechten**
Florett · Degen · Säbel. (0449) Von Emil Beck, 88 S., 219 Fotos und Zeichnungen, kart. **DM 11,80**/S 94.–

**Reiten**
Dressur · Springen · Gelände. (0415) Von Ute Richter, 168 S., 235 Abb., kart.
**DM 12,80**/S 99.–

**Reiten**
Vom ersten Schritt zum Reiterglück (5033) Von Herta F. Kraupa-Tuskany, 64 S., 34 Farbfotos, 2 Zeichnungen, Pappband. **DM 12,80**/S 99.–

**Voltigieren.**
Pflicht · Kür · Wettkampf. (0455) Von Josephine Bach, 120 S., 4 Farbtafeln, 88 s/w-Fotos, kart. **DM 12,80**/S 99.–

**Fibel für Kegelfreunde**
Sport- und Freizeitkegeln · Bowling. (0191) Von Georg Bocsai, 72 S., mit über 60 Abb., kart. **DM 5,80**/S 49.–

**Beliebte und neue Kegelspiele**
(0271) Von Georg Bocsai, 92 S., 62 Abb., kart. **DM 5,80**/S 49.–

**111 spannende Kegelspiele**
(2031) Von Hermann Regulski, 88 S., 53 Zeichnungen, kart., **DM 7,80**/S 69.–

**Ski-Gymnastik**
Fit für Piste und Loipe. (0450) Von Hannelore Pilss-Samek, 104 S., 67 s/w-Fotos, 20 Zeichnungen, kart.
**DM 6,80**/S 59.–

**Skischule**
Ausrüstung · Technik · Gymnastik. (0369) Von Richard Kerler, 128 S., 100 Abb., kart. **DM 9,80**/S 79.–

**Skilanglauf, Skiwandern**
Ausrüstung und Techniken (5129) Von Toni Reiter und Richard Kerler, 80 S., 8 Farbtafeln, 85 Zeichnungen und s/w-Fotos, kart. **DM 12,80**/S 99.–

**Alpiner Skisport**
Ausrüstung · Techniken · Skigymnastik (5130) Von Kuno Meßmann, 128 S., 8 Farbfotos, 93 s/w-Fotos, 45 Zeichnungen, kart. **DM 12,80**/S 99.–

**Frust und Freud beim Tennis**
Psychologische Studien der Spielertypen und Verhaltensweisen.
(4079) Von H. Cath, A. Kahn und N. Cobb, 176 S., gebunden. **DM 19,80**/S 159.–

**Die neue Tennis-Praxis**
Der individuelle Weg zu erfolgreichem Spiel. (4079) Von Richard Schönborn, 240 S., 202 Farbzeichnungen, gebunden.
**DM 39,–**/S 319.–

**Erfolgreiche Tennis-Taktik**
(4086) Von Robert Ford Greene, übersetzt von Michael Rolf Fischer, 181 S., 87 Abb., kart. **DM 19,80**/S 159.–

**Tennis kompakt**
Der erfolgreiche Weg zu Spiel, Satz und Sieg. (5116) Von Wilfried Taferner, 128 S., 82 s/w-Fotos, 67 Zeichnungen, kart. **DM 12,80**/S 99.–

**Tennis**
Technik – Taktik – Regeln.
(0375) Von Harald Elschenbroich, 112 S., 81 Abb., kart. **DM 6,80**/S 59.–

**Squash**
Ausrüstung – Technik – Regeln.
(0539) Von Dietrich von Horn und Hein-Dirk Stünitz, 96 S., 55 s/w-Fotos, 25 Zeichnungen, kart. **DM 8,80**/S 74.–

**Tischtennis**
modern gespielt mit TT-Quiz 17:21. (0363) Von Ossi Brucker und Tibor Harangozo, 120 S., 65 Abb., kart.
**DM 9,80**/S 79.–

**Sporttauchen**
Theorie und Praxis des Gerätetauchens. (0647) Von Siegfried Müßig, 144 S., 8 Farbtafeln, 35 s/w-Fotos, 89 Zeichnungen, kart., **DM 12,80**/S 99.–

Falken-Handbuch **Tauchsport**
Theorie · Geräte · Technik · Training. (4062) Von Wolfgang Freihen, 268 S., 32 Farb- u. 201 s/w-Fotos, gebunden.
**DM 39,–**/S 319.–

**Segeln**
(4207) Von Claus Hehner, 96 S., 106 großformatige Farbfotos, Pappband.
**DM 24,80**/S 198.–

**Windsurfing**
Lehrbuch für Grundschein und Praxis. (5028) Von Calle Schmidt, 64 S., 60 Farbfotos, Pappband.
**DM 12,80**/S 99.–

**Sportfischen**
Fische – Geräte – Technik.
(0324) Von Helmut Oppel, 144 S., 49 s/w-Fotos, 8 Farbtafeln, kart.
**DM 9,80**/S 79.–

Falken-Handbuch **Angeln**
in Binnengewässern und im Meer.
(4090) Von Helmut Oppel, 344 S., 24 Farbtafeln, 66 s/w-Fotos, 151 Zeichnungen, gebunden.
**DM 39,–**/S 319.–

**Angeln**
Kleine Fibel für den Sportfischer. (0198) Von Eberhard Bondick, 96 S., 116 Abb., kart. **DM 8,80**/S 74.–

Die Erben Lilienthals
**Sportfliegen heute**
(4054) Von Günter Brinkmann, 240 S., 32 Farbtafeln, 176 s/w-Fotos, 33 Zeichnungen, gebunden.
**DM 39,–**/S 319.–

**Einführung in das Schachspiel**
(0104) Von Walter Wollenschläger und Karl Colditz, 92 S., 65 Diagramme, kart. **DM 6,80**/S 59.–

**Schach-WM '81**
Karpow – Kortschnoi. Mit ausführlichem Kommentar zu allen Partien.
(0583) Von Großmeister Helmut Pfleger und Otto Borik, 179 S., zahlreiche Diagramme und Fotos, kart.
**DM 16,80**/S 139.–

**Spielend Schach lernen**
(2002) Von Theo Schuster, 128 S., kart. **DM 6,80**/S 59.–

**Kinder- und Jugendschach**
Offizielles Lehrbuch zur Erringung der Bauern-, Turm- und Königsdiplome des Deutschen Schachbundes.
(0561) Von Berend J. Withuis und Helmut Pfleger, 144 S., 11 s/w-Fotos, 223 Abb., kart. **DM 12,80**/S 99.–

**Neue Schacheröffnungen**
(0478) Von Theo Schuster, 108 S., 100 Diagramme, kart. **DM 8,80**/S 74.–

**Schach für Fortgeschrittene**
Taktik und Probleme des Schachspiels. (0219) Von Rudolf Teschner, 96 S., 85 Schachdiagramme, kart.
**DM 5,80**/S 49.–

FALKEN VERLAG

**Schach TV-Worldcup '82**
Turnier der Schachgroßmeister.
(4133) Von Helmut Pfleger und Eugen Kurz, 208 S., 41 s/w-Fotos, 3 Zeichnungen, gebunden.
**DM 26,80**/S 218.–

**Schachstrategie**
Ein Intensivkurs mit Übungen und ausführlichen Lösungen.
(0584) Von Alexander Koblenz, dt. Bearb. von Karl Colditz, 212 S., 240 Diagramme, kart.
**DM 16,80**/S 139.–

Falken-Handbuch **Schach**
Das Handbuch für Anfänger und Könner.
(4051) Von Theo Schuster, 360 S., über 340 Diagramme, gebunden.
**DM 29,80**/S 239.–

**Die besten Partien der deutschen Schachgroßmeister**
(4121) Von Helmut Pfleger, 192 S., 29 s/w-Fotos, 89 Diagramme, Pappband.
**DM 29,80**/S 239.–

**Turnier der Schachgroßmeister '83**
Karpow · Hort · Browne · Miles · Chandler · Garcia · Rogers · Kindermann.
(0718) Von Helmut Pfleger · Eugen Kurz, 176 S., 28 s/w-Fotos, 69 Diagramme, kart. **DM 16,80**/S 139.–

**Lehr-, Übungs- und Testbuch der Schachkombinationen**
(0649) Von Karl Colditz, 184 S., über 200 Diagramme, kart.
**DM 14,80**/S 119.–

**Zug um Zug**
**Schach für jedermann 1**
Offizielles Lehrbuch des Deutschen Schachbundes zur Erringung des Bauerndiploms.
(0648) Von Helmut Pfleger und Eugen Kurz, 80 S., 24 s/w-Fotos, 8 Zeichnungen, 60 Diagramme, kart. **DM 6,80**/S 59.–

**Schach als Kampf**
(0729) Von Gary Kasparow, 144 S., 95 Diagramme, 9 s/w-Fotos, kart.,
**DM 14,80**/S 119,–

**Zug um Zug**
**Schach für jedermann 2**
Offizielles Lehrbuch des Deutschen Schachbundes zur Erringung des Turmdiploms. (0659) Von Helmut Pfleger und Eugen Kurz, 132 S., 8 s/w-Fotos, 14 Zeichnungen, 78 Diagramme, kart.
**DM 9,80**/S 79.–

**Schachtraining mit den Großmeistern**
(0670) Von Hans Bouwmeester, 128 S., 90 Diagramme, kart.
**DM 14,80**/ S 119.–

# Spiele, Denksport, Unterhaltung

**Kartenspiele**
(2001) Von Claus D. Grupp, 144 S., kart. **DM 7,80**/S 69.–

**Neues Buch der siebzehn und vier Kartenspiele**
(0095) Von Karl Lichtwitz, 96 S., kart. **DM 6,80**/S 59.–

**Alles über Pokern**
Regeln und Tricks.
(2024) Von Claus D. Grupp, 120 S., 29 Kartenbilder, kart.
**DM 8,80**/S 74.–

**Rommé und Canasta**
in allen Variationen.
(2025) Von Claus D. Grupp, 124 S., 24 Zeichnungen, kart.,
**DM 9,80**/S 79.–

**Schafkopf, Doppelkopf, Binokel, Cego, Gaigel, Jaß, Tarock und andere „Lokalspiele".**
(2015) Von Claus D. Grupp, 152 S., kart. **DM 9,80**/S 79.–

**Das Skatspiel**
Eine Fibel für Anfänger.
(0206) Von Karl Lehnhoff, überarb. von P. A. Höfges, 96 S., kart.
**DM 5,80**/S 49.–

Falken-Handbuch **Patiencen**
(4151) Von U. v. Lyncker, ca. 192 S., ca. 120 Abbildungen, Pappband.
**DM 19,80**/S 159.–

**Patiencen**
in Wort und Bild.
(2003) Von Irmgard Wolter, 136 S., kart. **DM 7,80**/S 69.–

**Kartentricks**
(2010) Von Theodor A. Rosee, 80 S., 13 Zeichnungen, kart. **DM 6,80**/S 59.–

**Neue Kartentricks**
(2027) Von Klaus Pankow, 104 S., 20 Abb., kart. **DM 7,80**/S 69.–

Falken-Handbuch **Bridge**
Von den Grundregeln zum Turniersport.
(4092) Von Wolfgang Voigt und Karl Ritz, 276 S., 792 Zeichnungen, gebunden.
**DM 39,-**/S 319.–

**Spielend Bridge lernen**
(2012) Von Josef Weiss, 108 S., kart. **DM 7,80**/S 69.–

**Spieltechnik im Bridge**
(2004) Von Victor Mollo und Nico Gardener, deutsche Adaption von Dirk Schröder, 216 S., kart.
**DM 16,80**/S 139.–

**Besser Bridge spielen**
Reiztechnik, Spielverlauf und Gegenspiel. (2026) Von Josef Weiss, 143 S., mit vielen Diagrammen, kart. **DM 14,80**/S 119.–

**Mah-Jongg**
Das chinesische Glücks-, Kombinations- und Gesellschaftsspiel. (2030) Von Ursula Eschenbach, 80 S., 30 s/w-Fotos, 5 Zeichnungen, kart. **DM 9,80**/S 79.–

**Backgammon**
für Anfänger und Könner. (2008) Von Georg W. Fink und Guido Fuchs, 116 S., 41 Abb., kart. **DM 9,80**/S 79.–

**Würfelspiele**
für jung und alt. (2007) Von Friedrich Pruss, 112 S., kart. **DM 7,80**/S 69.–

**Gesellschaftsspiele**
für drinnen und draußen. (2006) Von Heinz Görz, 128 S., kart.
**DM 6,80**/S 59.–

**Spiele für Party und Familie**
(2014) Von Rudi Carell, 160 S., 50 Abb., gebunden. **DM 9,80**/S 79.–

**Dame**
Das Brettspiel in allen Variationen.
(2028) Von Claus D. Grupp, 104 S., viele Diagramme, kart. **DM 9,80**/S 79.–

**Das japanische Brettspiel GO**
(2020) Von Winfried Dörholt, 104 S., 182 Diagramme, kart. **DM 9,80**/S 79.–

**So gewinnt man gegen Video- und Computerspiele**
(0644) Von Christine Kerler, 160 S., 25 Zeichnungen, 21 s/w-Fotos, kart.
**DM 6,80**/S 59.–

**Denksport und Schnickschnack**
für Tüftler und fixe Köpfe. (0362) Von Jürgen Barto, 100 S., 45 Abb., kart.
**DM 6,80**/S 59.–

**Rätselspiele, Quiz- und Scherzfragen**
für gesellige Stunden. (0577) Von Karl-Hermann Schneider, 168 S., über 100 Zeichnungen, Pappband.
**DM 16,80**/S 139.–

**Knobeleien und Denksport**
(2019) Von Klas Rechberger, 142 S., mit vielen Zeichnungen, kart.
**DM 7,80**/S 69.–

**Quiz**
Mehr als 1500 ernste und heitere Fragen aus allen Gebieten. (0129) Von Reinhold Sautter und Waltraud Pröve, 92 S., 9 Zeichnungen, kart. **DM 6,80**/S 59.–

**Der große Rätselknacker**
Über 100.000 Rätselfragen. (4022) Zusammengestellt von Hans-Jürgen Winkler, 544 S., kart.
**DM 19,80**/S 159,–

**Rätsel lösen – ein Vergnügen**
Ein Lexikon für Rätselfreunde. (0182) Von Erich Maier, 240 S., kart.
**DM 12,80**/S 99.–

**500 Rätsel selberraten**
(0681) Von Eberhard Krüger, 272 S., kart. **DM 9,95**/S 79.–

**501 Rätsel selberraten**
(0711) Von Eberhard Krüger, 272 S., kart. **DM 9,95**/S 79.–

**Das Super-Kreuzwort-Rätsel-Lexikon**
Über 150.000 Begriffe. (4126) Von Hans Schiefelbein, 688 S., Pappband.
**DM 19,80**/S 159.–

**Punkt, Punkt, Komma, Strich**
Zeichenstunden für Kinder. (0564) Von Hans Witzig, 144 S., über 250 Zeichnungen, kart. **DM 6,80**/S 59.–

**Einmal grad und einmal krumm**
Zeichenstunden für Kinder. (0599) Von Hans Witzig, 144 S., 363 Abb., kart.
**DM 6,80**/S 59.–

FALKEN VERLAG



Die Preise entsprechen dem Status beim Druck dieses

**Kinderspiele**
die Spaß machen.
(2009) Von Helen Müller-Stein, 112 S., 28 Abb., kart. **DM 6,80**/S 59.–

**Spiele für Kleinkinder**
(2011) Von Dieter Kellermann, 80 S., kart. **DM 5,80**/S 49.–

**Kasperletheater**
Spieltexte und Spielanleitungen · Basteltips für Theater und Puppen. (0641) Von Ursula Lietz, 136 S., 4 Farbtafeln, 12 s/w-Fotos, 39 Zeichnungen, kart. **DM 9,80**/S 79.–

**Kindergeburtstag**
Vorbereitung, Spiel und Spaß. (0287) Von Dr. Ilse Obrig, 104 S., 40 Abb., 11 Zeichnungen, 9 Lieder mit Noten, kart. **DM 5,80**/S 49.–

**Kinderfeste**
daheim und in Gruppen. (4033) Gerda Blechner, 240 S., 320 Abb., gebunden. **DM 19,80**/S 159.–

**Scherzfragen, Drudel und Blödeleien**
gesammelt von Kindern. (0506) Herausgegeben von Waltraud Pröve, 112 S., 57 Zeichnungen, kart. **DM 5,80**/S 49.–

**Die Schlümpfe und ihre Freunde**
(0686) Von Peyo, 80 S., viele Zeichnungen, kart. **DM 2,95**/S 24.–

**Die Schlümpfe und der Zauberer Gargamel**
(0687) Von Peyo, 80 S., viele Zeichnungen, kart. **DM 2,95**/S 24.–

**Die Schlümpfe und Schlumpfinchen**
(0688) Von Peyo, 80 S., viele Zeichnungen, kart. **DM 2,95**/S 24.–

**Die Schlümpfe in Schlumpfhausen**
(0689) Von Peyo, 80 S., viele Zeichnungen, kart. **DM 2,95**/S 24.–

Kein schöner Land ...
**Das große Buch unserer beliebtesten Volkslieder.** (4150) Das Buch zur Aktion „Dalli-Dalli hilft", 208 S., 108 Farbzeichnungen, Pappband. **19,80**/S 159.–

**Die schönsten Wander- und Fahrtenlieder**
(0462) Herausgegeben von Franz R. Miller, empfohlen vom Deutschen Sängerbund, 80 S., mit Noten und Zeichnungen, kart. **DM 5,80**/S 49.–

**Die schönsten Volkslieder**
(0432) Herausgegeben von Dietmar Walther, 128 S., mit Noten und Zeichnungen, kart. **DM 4,80**/S 39.–

**Die schönsten Berg- und Hüttenlieder**
(0514) Herausgegeben von Franz R. Miller, empfohlen vom Deutschen Sängerbund, 104 S., mit Noten und Zeichnungen, kart. **DM 5,80**/S 49.–

**Wir lernen tanzen**
Standard- und lateinamerikanische Tänze. (0200) Von Ernst Fern, 168 S., 118 s/w-Fotos, 47 Zeichnungen, kart. **DM 9,80**/S 79.–

**Tanzstunde**
(5018) Von Gerd Hädrich, 172 S., 442 s/w-Fotos, 140 Zeichnungen, Pappband. **DM 19,80**/S 159.–

**So tanzt man Rock'n'Roll**
Grundschritte · Figuren · Akrobatik. (0573) Von Wolfgang Steuer und Gerhard Marz, 224 S., 303 Abb., kart. **DM 16,80**/S 139.–

**Wir geben eine Party**
(0192) Von Elisabeth Ruge, 88 S., 8 Farbtafeln, 23 Zeichnungen, kart. **DM 8,80**/S 74.–

**Neue Spiele für Ihre Party**
(2022) Von Gerda Blechner, 120 S., 54 Zeichnungen, kart. **DM 7,80**/S 69.–

**Lustige Tanzspiele und Scherztänze**
für Parties und Feste. (0165) Von Ewald Bäulke, 80 S., 53 Abb., kart. **DM 6,80**/S 59.–

**Straßenfeste, Flohmärkte und Basare**
Praktische Tips für Organisation und Durchführung. (0592) Von Hugo Schuster, 96 S., 52 Fotos, 17 Zeichnungen, kart. **DM 12,80**/S 99.–

**Black Jack**
Regeln und Strategien des Kasinospiels (2032) Von Konrad Kelbratowski, 88 S., kart. **DM 9,80**/S 79.–

**Roulette richtig gespielt**
Systemspiele, die Vermögen brachten. (0121) Von Martin Jung, 96 S., zahlreiche Tabellen, kart. **DM 7,80**/S 69.–

**Kartenspiele für Kinder**
(0533) Von Claus D. Grupp, 136 S., 24 Abb., kart. **DM 6,80**/S 59.–

**Disco-Tänze**
(0491) Von Barbara und Felicitas Weber, 104 S., 104 Abb., kart. **DM 6,80**/S 59.–

**365 Schwedenrätsel**
(4173) Von Günther Borutta, 336 S., kart. **DM 16,80**/S 139.–

**Kindergeburtstage die keiner vergißt**
Planung, Gestaltung, Spielvorschläge (0698) Von G. und G. Zimmermann, 102 S., kart. **DM 9,80**/S 79.–

Es war einmal ...
**Unsere beliebtesten Märchen**
(4170) Hrsg. von R. Wehse und D. Enzian, 208 S., 119 Zeichnungen, Pappband, **DM 19,80**/S 159.–

**Wilhelm-Busch-Album**
Jubiläumsausgabe mit 1700 farbigen Bildern. (3028) 408 S., Großformat, geb. **DM 39,–**/S 319.–

Es ist ein Brauch von alters her ...
**Lebensweisheiten**
(2214) Von Wilhelm Busch, 80 S., 38 Zeichnungen, Pappband. **DM 9,80**/ S 85.–

**Lachen, Witz und gute Laune**
Lustige Texte für Ansagen und Vorträge. (0149) Von Erich Müller, 104 S., 44 Abb., kart. **DM 6,80**/S 59.–

**Tolle Sketche**
mit zündenden Pointen – zum Nachspielen. (0656) Von Eberhard Cohrs, 112 S., kart. **DM 9,80**/S 79.–

**Vergnügliche Sketche**
(0476) Von Horst Pillau, 96 S., mit lustigen Zeichnungen, kart. **DM 6,80**/S 59.–

**Heitere Vorträge**
(0528) Von Erich Müller, 182 S., 14 Zeichnungen, kart. **DM 9,80**/S 79.–

**Die große Lachparade**
Neue Texte für heitere Vorträge und Ansagen. (0188) Von Erich Müller, 108 S., kart. **DM 6,80**/S 59.–

**So feiert man Feste fröhlicher**
Heitere Vorträge und Gedicht. (0098) Von Dr. Allos, 96 S., 15 Abb., kart. **DM 5,80**/S 49.–

**Lustige Vorträge für fröhliche Feiern**
Sketche, Vorträge und Conferencen für Karneval und fröhliche Feste. (0284) Von Karl Lehnhoff, 96 S., kart. **DM 6,80**/S 59.–

**Vergnügliches Vortragsbuch**
(0091) Von Joseph Plaut, 192 S., kart. **DM 7,80**/S 69.–

**Tolle Sachen zum Schmunzeln und Lachen**
Lustige Ansagen und Vorträge. (0163) Von Erich Müller, 92 S., kart. **DM 6,80**/S 59.–

**Humor für jedes Ohr**
Fidele Sketche und Ansagen. (0157) Von Heinz Ehnle. 96 S., kart. **DM 6,80**/S 59.–

**Sketche und spielbare Witze**
für bunte Abende und andere Feste. (0445) Von Hartmut Friedrich, 120 S., 7 Zeichnungen, kart. **DM 6,80**/S 59.–

**Sketsche**
Kurzspiele zu amüsanter Unterhaltung. (0247) Von Margarete Gering, 132 S., 16 Abb., kart., **DM 6,80**/59.–

**Dalli-Dalli-Sketche**
aus dem heiteren Ratespiel von und mit Hans Rosenthal. (0527) Von Horst Pillau, 144 S., 18 Zeichnungen, kart. **DM 9,80**/S 79.–

**Non Stop Nonsens**
Sketche und Witze mit Spielanleitungen. (0511) Von Dieter Hallervorden, 160 S., geb. **DM 14,80**/S 119.–

**Lustige Sketche für Jungen und Mädchen**
(0669) Von Ursula Lietz und Ulrike Lange, 104 S., kart. **DM 7,80**/S 69.–

**Gereimte Vorträge**
für Bühne und Bütt. (0567) Von Günter Wagner, 96 S., kart. **DM 7,80**/S 69.–

**Damen in der Bütt**
Scherze, Büttenreden, Sketche.
(0354) Von Traudi Müller, 136 S., kart.
**DM 8,80**/S 74.–

**Narren in der Bütt**
Leckerbissen aus dem rheinischen Karneval. (0216) Zusammengestellt von Theo Lücker, 112 S., kart.
**DM 6,80**/S 59.–

**Rings um den Karneval**
Karnevalsscherze und Büttenreden.
(0130) Von Dr. Allos, 136 S., kart.
**DM 9,80**/S 79.–

**Helau und Alaaf 1**
Närrisches aus der Bütt.
(0304) Von Erich Müller, 112 S., kart.
**DM 6,80**/S 59.–

**Helau und Alaaf 2**
Neue Büttenreden.
(0477) Von Edmund Luft, 104 S., kart.
**DM 7,80**/S 69.–

**Humor und Stimmung**
Ein heiteres Vortragsbuch.
(0460) Von Günter Wagner, 112 S., kart. **DM 6,80**/S 59.–

**Humor und gute Laune**
Ein heiteres Vortragsbuch.
(0635) Von Günter Wagner, 112 S., kart.
**DM 8,80**/S 74.–

**Das große Buch der Witze**
(0384) Von E. Holz, 320 S., 36 Zeichnungen, geb. **DM 16,80**/S 139.–

**Da lacht das Publikum**
Neue lustige Vorträge für viele Gelegenheiten. (0716) Von Heinz Schmalenbach, 104 S., kart.
**DM 9,80**/S 79.–

**Lach mit!**
Witze für Kinder, gesammelt von Kindern. (0468) Herausgegeben von Waltraud Pröve, 128 S., 17 Zeichnungen, kart.
**DM 5,80**/S 49.–

**Witzig, witzig**
(0507) Von Erich Müller, 128 S., 16 Zeichnungen, kart. **DM 6,80**/S 55.–

**Lach mit den Schlümpfen**
(0610) Von Peyo, 64 S., viele Abb., kart.
**DM 6,80**/S 59.–

**Die besten Witze und Cartoons des Jahres 1**
(0454) Herausgegeben von Karl Hartmann, 288 S., 125 Zeichnungen, geb. **DM 16,80**/S 139.–

**Die besten Witze und Cartoons des Jahres 2**
(0488) Herausgegeben von Karl Hartmann, 288 S., 148 Zeichnungen, geb. **DM 16,80**/S 139.–

**Die besten Witze und Cartoons des Jahres 3**
(0524) Herausgegeben von Karl Hartmann, 288 S., 105 Zeichnungen, Pappband. **DM 16,80**/S 139.–

**Die besten Witze und Cartoons des Jahres 4**
(0579) Herausgegeben von Karl Hartmann, 288 S., 140 Zeichnungen, Pappband. **DM 16,80**/S 139.–

**Die besten Witze und Cartoons des Jahres 5**
(0642) Herausgegeben von Karl Hartmann, 288 S., 88 Zeichnungen, Pappband. **DM 16,80**/S 139.–

**Das Superbuch der Witze**
(4146) Von B. Bornheim, 504 S., 54 Cartoons, Pappband.
**DM 15,–**/S 120.–

**Die besten Beamtenwitze**
(0574) Herausgegeben von Waltraud Pröve, 112 S., 61 Cartoons, kart.
**DM 5,80**/S 49.–

**Die besten Kalauer**
(0705) Von Klaus Frank, 112 S., 12 Zeichnungen, kart., **DM 5,80**/S 49.–

**Robert Lembkes Witzauslese**
(0325) Von Robert Lembke, 160 S., mit 10 Zeichnungen von E. Köhler, gebunden.
**DM 14,80**/S 119.–

**Fred Metzlers Witze mit Pfiff**
(0368) Von Fred Metzler, 120 S., kart.
**DM 5,80**/S 49.–

**O frivol ist mir am Abend**
Pikante Witze von Fred Metzler. (0388) Von Fred Metzler, 128 S., mit Karikaturen, kart. **DM 5,80**/S 49.–

**Herrenwitze**
(0589) Von Georg Wilhelm, 112 S., 30 Zeichnungen, kart. **DM 5,80**/S 49.–

**Witze am laufenden Band**
(0461) Von Fips Asmussen, 118 S., kart.
**DM 5,80**/S 49.–

Horror zum Totlachen
**Gruselwitze**
(0536) Von Franz Lautenschläger, 96 S., 44 Zeichnungen, kart. **DM 5,80**/S 49.–

**Die besten Ostfriesenwitze**
(0495) Herausgegeben von Onno Freese, 112 S., 17 Zeichnungen, kart.
**DM 5,80**/S 49.–

**Olympische Witze**
Sportlerwitze in Wort und Bild.
(0505) Von Wolfgang Willnat, 112 S., 126 Zeichnungen, kart. **DM 5,80**/S 49.–

**Ich lach mit kaputt! Die besten Kinderwitze**
(0545) Von Erwin Hannemann, 128 S., 15 Zeichnungen, kart. **DM 5,80**/S 49.–

# Natur

**Faszination Berg**
zwischen Alpen und Himalaya.
(4214) Von Toni Hiebeler, 96 S., 100 großformatige Farbfotos, Pappband.
**DM 24,80**/S 198.–

**Gefährdete und geschützte Pflanzen**
erkennen und benennen.
(0596) Von Wieland Schnedler und Karl Wolfstetter, 160 S., 140 Farbfotos, 4 Zeichnungen, kart. **DM 19,80**/S 159.–

**Beeren und Waldfrüchte**
erkennen und benennen, eßbar oder giftig? (0401) Von Jörg Raithelhuber, 120 S., 94 Farbfotos, kart.
**DM 16,80**/S 139.–

**Bäume und Sträucher**
erkennen und benennen. (0509) Von Jörg Raithelhuber, 116 S., 108 Farbfotos, kart. **DM 16,80**/S 139.–

Falken-Handbuch **Pilze**
Mit über 250 Farbfotos und Rezepten. (4061) Von Martin Knoop, 276 S., 250 Farbfotos, 28 Zeichnungen, gebunden. **DM 39,–**/S 319.–

**Pilze**
erkennen und benennen.
(0380) Von Jörg Raithelhuber, 136 S., 110 Farbfotos, kart. **DM 14,80**/S 119.–

Falken-Handbuch
**Der Garten**
Das moderne illustrierte Standardwerk. (4044) Von Gerhard Bambach, unter Mitarbeit von U. Kaiser, W. Velte und J. Zech, 770 S., 40 Farbtafeln, 77 Farbfotos, 787 s/w-Fotos, 147 Zeichnungen, gebunden.
**DM 49,–**/S 398.–

**Das Gartenjahr**
Arbeitsplan für draußen und drinnen. (4075) Von Gerhard Bambach, 152 S., 16 Farbtafeln, viele Abb., kart.
**DM 12,80**/S 99.–

**Gartenteiche und Wasserspiele**
planen, anlegen und pflegen.
(4083) Von Horst R. Sikora, 160 S., 16 Farbtafeln, über 100 Skizzen und Abb., Pappband. **DM 29,80**/S 239.–

**Gärtnern**
(5004) Von Inge Manz, 64 S., 38 Farbfotos, Pappband. **DM 12,80**/S 99.–

**Gärtner Gustavs Gartenkalender**
Arbeitspläne · Pflanzenporträts · Gartenlexikon.
(4155) Von Gustav Schoser, 120 S., 146 Farbfotos, 13 Tabellen, 203 farbige Zeichnungen, Pappband.
**DM 24,80**/S 198.–

**Leben im Naturgarten**
Der Biogärtner und seine gesunde Umwelt. (4124) Von Norbert Jorek, 136 S., 68 s/w-Fotos, kart.
**DM 12,80**/S 99.–

**Mischkultur im Nutzgarten**
Mit Jahreskalender und Anbauplänen. (0651) Von Helmut Oppel, 112 S., 8 Farbtafeln, 23s/w-Fotos, 29 Zeichnungen, kart. **DM 9,80**/S 79.–

**Frühbeet und Kleingewächshaus**
(5055) Von Gustav Schoser, 64 S., 43 Farbfotos, Pappband.
**DM 12,80**/S 99.–



Die Preise entsprechen dem Status beim Druck dieses

**Insekten Mitteleuropas**
erkennen und benennen. (0588) Von Helmut Bechtel, 144 S., 129 Farbfotos, 18 Zeichnungen, kart. **DM 16,80**/S 139.–

**Schmetterlinge**
Tagfalter Mitteleuropas erkennen und benennen. (0510) Von Thomas Ruckstuhl, 156 S., 136 Farbfotos, kart. **DM 16,80**/S 139.–

**Blühende Zimmerpflanzen**
(5010) Von Rolf Blaich, 64 S., 107 Farbfotos, Pappband. **DM 12,80**/S 99.–

Falken-Handbuch **Zimmerpflanzen**
1600 Pflanzenporträts.
(4082) Von Rolf Blaich, 432 S., 480 Farbfotos, 84 Zeichnungen, 1600 Pflanzenbeschreibungen, geb. **DM 39,–**/S 319.–

**Blütenpracht in Grolit 2000**
Der neue, mühelose Weg zu farbenprächtigen Zimmerpflanzen.
(5127) Von Gabriele Vocke, 64 S., 50 Farbfotos, Pappband.
**DM 12,80**/S 99.–

**Zimmerbäume, Palmen und andere Blattpflanzen**
(5111) Von Gustav Schoser, 96 S., 98 Farbfotos, 7 Zeichnungen, Pappband. **DM 16,80**/S 139.–

**Biologisch zimmergärtnern**
Zier- und Nutzpflanzen natürlich pflegen.
(4144) Von Norbert Jorek, 152 S., 15 Farbtafeln, 120 s/w-Fotos, Pappband. **DM 19,80**/S 159.–

**Hydrokultur**
Pflanzen ohne Erde – mühelos gepflegt.
(4080) Von Hans-August Rotter, 120 S., 67 farbige und s/w-Abb. sowie Zeichnungen, geb. **DM 19,80**/S 159.–

**Zimmerpflanzen in Hydrokultur**
Leitfaden für problemlose Blumenpflege.
(0660) Von Hans-August Rotter, 32 S., 76 Farbfotos, 8 farbige Zeichnungen, Spiralbindung, kart. **DM 6,80**/S 59.–

**Sukkulenten**
Mittagsblumen, Lebende Steine, Wolfsmilchgewächs u. a.
(5070) Von Werner Hoffmann, 64 S., 82 Farbfotos, Pappband.
**DM 12,80**/S 99.–

**Kakteen und andere Sukkulenten**
300 Arten mit über 500 Farbfotos.
(4116) Von Günter Andersohn, 316 S., 520 Farbtafeln, 193 Zeichnungen, geb. **DM 49,–**/S 398.–

**Fibel für Kakteenfreunde**
(0199) Von H. Herold, 102 S., 23 Farbfotos, kart. **DM 7,80**/S 69.–

**Kakteen**
Herkunft, Anzucht, Pflege, Klimabedingungen.
(5021) Von Werner Hoffmann, 64 S., 70 Farbfotos, Pappband.
**DM 12,80**/S 99.–

Faszinierende Formen und Farben
**Kakteen**
(4211) Von Katharina und Franz Schild, 96 S., 127 großformatige Farbfotos, Pappband. **DM 24,80**/S 198.–

**Gemüse, Kräuter, Obst aus dem Balkongarten**
– Erfolgreich ernten auf kleinstem Raum.
(0694) Von Siegfried Stein, 32 S., 34 Farbfotos, 5 Zeichnungen, Spiralbindung, kart., **DM 7,80**/S 69.–

**Erfolgstips für den Gemüsegarten**
Mit naturgemäßem Anbau zu höherem Ertrag.
(0674) Von Franz Mühl, 80 S., 30 s/w-Fotos, 4 Zeichnungen, kart. **DM 7,80**/S 69.–

**Der Obstgarten**
Pflanzung · Pflege · Baumschnitt · Neuheiten. (5100) Von Joachim Zech, 64 S., 54 Farbfotos, Pappband.
**DM 12,80**/S 99.–

**Der richtige Schnitt von Obst- und Ziergehölzen, Rosen und Hecken**
(0619) Von Erich Zettl, 88 S., 8 Farbtafeln, 39 Zeichnungen, 21 s/w-Fotos, kart. **DM 7,80**/S 69.–

**Unkraut im Garten**
erkennen und erfolgreich bekämpfen.
(0637) Von Friedrich und Heidrun Jantzen, 144 S., 190 Farbfotos, kart. **DM 16,80**/S 139.–

**Das Blumenjahr**
Arbeitsplan für drinnen und draußen.
(4142) Von Gabriele Vocke, 136 S., 15 Farbtafeln, kart. **DM 12,80**/S 99.–

**Blumenpracht im Garten**
(5014) Von Inge Manz, 64 S., 93 Farbfotos, Pappband.
**DM 12,80**/S 99.–

**Rosen**
Arten – Pflanzung – Pflege.
(5065) Von Inge Manz, 64 S., 60 Farbfotos, Pappband. **DM 12,80**/S 99.–

**Ziersträucher und -bäume im Garten**
(5071) Von Inge Manz, 64 S., 91 Farbfotos, Pappband. **DM 12,80**/S 99.–

Falken-Handbuch **Katzen**
(4158) Von B. Gerber, 176 S., 294 Farb- und 88 s/w-Fotos, Pappband.
**DM 39,–**/S 319.–

**Katzen**
Rassen · Haltung · Pflege. (4216) Von Brigitte Eilert-Overbeck, 96 S., 82 großformatige Farbfotos, Pappband.
**DM 24,80**/S 198.–

Lieblinge auf Samtpfötchen **Katzen**
(2202) Von Brigitte Eilert-Overbeck, 80 S., 53 Farbfotos, 5 s/w-Fotos, Pappband. **DM 9,80**/S 85.–

**Katzenkrankheiten**
Erkennung und Behandlung. (0652) Von Dr. med. vet. Rolf Spangenberg, 176 S., 64 s/w-Fotos, 4 Zeichnungen, kart.
**DM 9,80**/S 79.–

**Steingärten**
Anlage – Pflanzen – Pflege.
(5092) Von Martin Haberer, 64 S., 90 Farbfotos, Pappband.
**DM 12,80**/S 99.–

**Balkons in Blütenpracht**
zu allen Jahreszeiten.
(5047) Von Nikolaus Uhl, 64 S., 82 Farbfotos, Pappband. **DM 12,80**/S 99.–

**Kübelpflanzen**
für Balkon, Terrasse und Dachgarten.
(5132) Von Martin Haberer, 64 S., 70 Farbfotos, Pappband.
**DM 14,80**/S 119.–

**Kletterpflanzen**
Rankende Begrünung für Fassade, Balkon und Garten.
(5140) Von Martin Haberer, 64 S., 70 Farbabb., 2 Zeichnungen, Pappband.
**DM 12,80**/S 99.–

**Grabgestaltung**
Bepflanzung und Pflege zu jeder Jahreszeit. (5120) Von Nikolaus Uhl, 64 S., 77 Farbfotos, 2 Zeichnungen, Pappband. **DM 14,80**/S 119.–

**Blütenpracht in Haus und Garten**
Der große praktische Ratgeber mit über 1000 farbigen Abbildungen.
(4145) Von Martin Haberer, Friedrich Jantzen, Gernot Lysek, Peter Möhring und Nikolaus Uhl, 352 S., 1012 Farbfotos, 3 Zeichnungen, Pappband.
**DM 29,80**/S 239.–

**Sag's mit Blumen**
Pflege und Arrangieren von Schnittblumen.
(5103) Von Peter Möhring, 64 S., 68 Farbfotos, 2 s/w-Fotos, Pappband.
**DM 12,80**/S 99.–

**Bonsai**
Japanische Miniaturbäume und Miniaturlandschaften.
Anzucht, Gestaltung und Pflege.
(4091) Von Benedikt Lesniewicz, 160 S., 106 Farbfotos, 46 s/w-Fotos, 115 Zeichnungen, geb. **DM 68,–**/S 549.–

Falken-Handbuch **Das Terrarium**
(4069) Von Burkhard Kahl, Paul Gaupp, Dr. Günter Schmidt, 336 S., 215 Farbfotos, geb. **DM 58,–**/S 460.–

Falken-Handbuch **Das Aquarium**
Einrichtung, Pflege und Fische für Süß- und Meerwasser. (4029) Von Hans J. Mayland, 334 S., über 415 Farbfotos und Farbtafeln, 150 Zeichnungen, geb.
**DM 39,–**/S 319.–

**Aquarienfische**
des tropischen Süßwassers. (5003) Von Hans J. Mayland, 64 S., 98 Farbfotos, Pappband. **DM 12,80**/S 99.–

**Süßwasser-Aquarienfische**
(4212) Von Burkhard Kahl, 96 S., 108 großformatige Farbfotos, Pappband. kart. **DM 24,80**/S 198.–

**Das Süßwasser-Aquarium**
Einrichtung – Pflege – Fische – Pflanzen.
(0153) Von Hans J. Mayland, 132 S., 163 Zeichnungen, 8 Farbtafeln, kart.
**DM 8,80**/S 74.–

**Das Meerwasser-Aquarium**
Einrichtung – Pflege – Fische und niedere Tiere. (0281) Von Hans J. Mayland, 146 S., 30 farbige und 228 s/w-Abb., kart. **DM 14,80**/S 119.–

**Orchideen**
(4215) Von Gustav Schoser, 96 S., 143 großformatige Farbfotos, Pappband. **DM 24,80**/S 198.–

**Orchideen**
Eigenart – Schnittblumen – Topfkultur – Pflege. (5038) Von Gustav Schoser, 64 S., 75 Farbfotos, Pappband. **DM 14,80**/S 119.–

**Keime, Sprossen, Küchenkräuter**
am Fenster ziehen – rund ums Jahr. (0658) Von Friedrich und Heidrun Jantzen, 32 S., 55 Farbfotos, Spiralbindung, kart. **DM 6,80**/S 59.–

Falken-Handbuch **Hunde**
(4118) Von Horst Bielfeld, 176 S., 222 Farbfotos und Farbzeichnungen, 73 s/w-Abb., geb. **DM 39,–**/S 319.–

**Hunde**
Rassen · Erziehung · Haltung. (4209) Von Horst Bielfeld, 96 S., 101 großformatige Farbfotos, Pappband. **DM 24,80**/S 198.–

**Das neue Hundebuch**
Rassen · Aufzucht · Pflege. (0009) Von Walter Busack, überarbeitet von Dr. med. vet. A. H. Hacker, 104 S., 8 Farbtafeln, kart. **DM 8,80**/S 74.–

Falken-Handbuch
**Der Deutsche Schäferhund**
(4077) Von Ursula Förster, 228 S., 160 farbige und s/w-Abb. sowie Zeichnungen, geb. **DM 29,80**/S 239.–

**Der Deutsche Schäferhund**
(0073) Von Alfred Hacker, 104 S., 56 Abb., kart. **DM 7,80**/S 69.–

**Dackel, Teckel, Dachshund**
Aufzucht · Pflege · Ausbildung. (0508) Von Marianne Wein-Gysae, 112 S., 4 Farbtafeln, 43 s/w-Fotos, 2 Zeichnungen, kart. **DM 9,80**/S 79.–

**Hunde-Ausbildung**
Verhalten – Gehorsam – Abrichtung. (0346) Von Prof. Dr. Rudolphine Menzel, 96 S., 18 Fotos, kart. **DM 7,80**/S 69.–

**Hundekrankheiten**
Erkennung und Behandlung, Steuerung des Sexualverhaltens. (0570) Von Dr. med. vet. Rolf Spangenberg, 128 S., 68 s/w-Fotos, 10 Zeichnungen, kart. **DM 9,80**/S 79.–

**Das neue Katzenbuch**
Rassen – Aufzucht – Pflege. (0427) Von Brigitte Eilert-Overbeck, 136 S., 14 Farbfotos, 26 s/w-Fotos, kart. **DM 8,80**/S 74.–

**Hilfe für den Wald**
Ursachen, Schadbilder, Hilfsprogramme. Was jeder wissen muß, um unser wichtigstes Öko-System zu retten. (4164) Von K. F. Wentzel, R. Zundel, 128 S., 178 Farb- u. 6 s/w-Fotos, 60 Zeichnungen, kart. **DM 19,80** /S 159.–

**So wird mein Garten zum Biogarten**
Alles über die Umstellung auf naturgemäßen Anbau. (0706) Von Ingrid Gabriel, 128 S., durchgehend 4farbig, 73 Farbfotos und Zeichnungen, kart. **DM 14,80** /S 119.–

**Cichliden**
Pflege, Herkunft und Nachzucht der wichtigsten Buntbarscharten (5144) Von J. in't Veen, 96 S., 163 Farbfotos, Pbd. **DM 19,80** /S 159.–

**Gesunde Pflanzen im Biogarten**
Biologische Maßnahmen bei Schädlingsbefall und Pflanzenkrankheiten. (0707) Von Ingrid Gabriel, 128 S., durchgehend 4farbig, 73 Farbfotos und Zeichnungen, kart. **DM 14,80** /S 119.–

**Der Biogarten unter Glas und Folie**
Ganzjährig erfolgreich ernten. (0722) Von Ingrid Gabriel, 128 S., durchgehend vierfarbig, 58 Fotos, 39 Zeichn., kart. **DM 14,80** /S 119.–

**Neuanlage eines Biogartens**
Planung, Bodenvorbereitung, Gestaltung (0721) Von Ingrid Gabriel, 128 S., durchgehend vierfarb., 73 Farbfotos, 35 Zeichnungen, kart. **DM 14,80** /S 119.–

**Das Bio-Gartenjahr**
Arbeitsplan für naturgemäßes Gärtnern. (4169) Von Norbert Jorek, 128 S., 8 Farbtafeln, 70 s/w-Abb., kart. **DM 14,80** /S 119.–

Vom betörenden Zauber der **Rosen**
(2206) Von Helmut Steinhauer, 80 S., 89 Farbfotos und Zeichnungen, Pappband. **DM 9,80** /S 85.–

**Bauernregeln**
Wenn die Schwalben niedrig fliegen (2208) Von G. Haddenbach, 80 S., 52 Farbfotos und Zeichnungen, Pappband. **DM 9,80** /S 85.–

**Hunde**
Die treuen Freunde des Menschen (2207) Von Rolf Spangenberg, 80 S., 49 Farbfotos und Zeichnungen, Pappband. **DM 9,80** /S 85.–

**Ponys**
Rassen, Haltung, Reiten. (4205) Von Stefan Braun, 96 S., 84 großformatige Farbfotos, Pappband. **DM 24,80**/S 198.–

**Vögel**
Die wichtigsten Arten Mitteleuropas erkennen und benennen. (0554) Von Joachim Zech, 152 S., 135 Farbfotos, 4 s/w-Fotos, 5 Zeichnungen, kart. **DM 16,80**/S 139.–

**Wellensittiche**
Arten · Haltung · Pflege · Sprechunterricht · Zucht. (5136) Von Horst Bielfeld, 64 S., 59 Farbfotos, Pappband. **DM 12,80**/S 99.–

**Papageien und Sittiche**
Arten · Pflege · Sprechunterricht. (0591) Von Horst Bielfeld, 112 S., 8 Farbtafeln, kart. **DM 9,80**/S 79.–

# Gesundheit

**Der praktische Hausarzt**
(4100) Von Dr. med. Rosemarie Jäkel, 608 S., 201 s/w-Fotos, 118 Zeichnungen, Pappband. **DM 29,80**/S 239.–

**Heiltees und Kräuter für die Gesundheit**
(4123) Von Gerhard Leibold, 136 S., 15 Farbtafeln, 16 Zeichnungen, kart. **DM 12,80**/S 99.–

Falken-Handbuch **Heilkräuter**
Modernes Lexikon der Pflanzen und Anwendungen (4076) Von Gerhard Leibold, 392 S., 183 Farbfotos, geb. **DM 39,–**/S 319.–

**Die farbige Kräuterfibel**
(0245) Von Ingrid Gabriel, 196 S., 49 farbige und 97 s/w-Abb., Pappband. **DM 14,80**/S 119.–

**Arzneikräuter und Wildgemüse**
erkennen und benennen. (0459) Von Jörg Raithelhuber, 144 S., 108 Farbfotos, kart. **DM 16,80**/S 139.–

Falken-Handbuch **Bio-Medizin**
Alles über die moderne Naturheilpraxis. (4136) Von Gerhard Leibold, 552 S., 16 Farbtafeln, Pappband. **DM 39,–**/S 319.–

**Gesund bleiben – gesund werden durch Enzyme**
(0677) Von Gerhard Leibold, 96 S., kart. **DM 9,80**/S 79.–

**Gesund bleiben – gesund werden durch Heilfasten**
(0713) Von Gerhard Leibold, 108 S., kart. **DM 9,80**/S 79.–

**So lebt man länger nach Dr. Le Comptes Erfolgsmethode!**
Vital und gesund bis ins hohe Alter. (4129) Von Dr. Herman Le Compte, Pia Pervenche, 224 S., geb. **DM 24,80**/S 198.–

**Gesundheit und Spannkraft durch Yoga**
(0321) Von Lothar Frank und Ursula Ebbers, 112 S., 50 s/w-Fotos, kart. **DM 7,80**/S 69.–

**Yoga für jeden**
(0341) Von Kareen Zebroff, 156 S., 135 Abb., kart. **DM 20,–**/S 160.–

**Yoga gegen Haltungsschäden und Rückenschmerzen**
(0394) Von Alois Raab, 104 S., 215 Abb., kart. **DM 6,80**/S 59.–

**Hypnose und Autosuggestion**
Methoden – Heilwirkungen – praktische Beispiele. (0483) Von Gerhard Leibold, 116 S., kart. **DM 7,80**/S 69.–

**Autogenes Training**
Anwendung · Heilwirkungen · Methoden. (0541) Von Rolf Faller, 128 S., 3 Zeichnungen, kart. **DM 9,80**/S 79.–

**Eigenbehandlung durch Akupressur**
Heilwirkungen – Energielehre – Meridiane. (0417) Von Gerhard Leibold, 152 S., 78 Abb., kart. **DM 9,80**/S 79.–

**Die fernöstliche Fingerdrucktherapie Shiatsu**
Anleitungen zur Selbsthilfe – Heilwirkungen. (0615) Von Gerhard Leibold, 196 S., 180 Abb., kart. **DM 16,80**/S 139.–



Die Preise entsprechen dem Status beim Druck dieses

**10 Minuten täglich Tele-Gymnastik**
(5102) Von Beate Manz und Kafi Biermann, 128 S., 381 Abb., kart.
**DM 12,80**/S 99.–

**Gesund und fit durch Gymnastik**
(0366) Von Hannelore Pilss-Samek, 132 S., 150 Abb., kart. **DM 7,80**/S 69.–

**Stretching**
Mit Dehnungsgymnastik zu Entspannung, Geschmeidigkeit und Wohlbefinden. (0717) Von Hans Schulz, 80 S., 90 s/w-Fotos, kart.
**DM 7,80**/S 69.–

**Schönheitspflege**
Kosmetische Tips für jeden Tag. (0493) Von Heide Zander, 180 S., 25 Abb., kart.
**DM 7,80**/S 69.–

**Tanz und Spiele für Bewegungsbehinderte**
Ein Anfängerkurs für alle, die mitmachen wollen. Empfohlen vom Bundesverband für Tanztherapie e.V. (0581) Von Wally Kaechele, 96 S., 105 s/w-Fotos, 9 Zeichnungen, Spiralbindung.
**DM 19,80**/S 159.–

**Natur-Apotheke**
Gesundheit durch altbewährte Kräuterrezepte und Hausmittel.
(4156) Von Gerhard Leibold, 236 S., 105 Zeichnungen, 8 Farbtafeln, kart., **DM 19,80**/S 159.–
(4157) Pappband, **26,80**/S 218.–

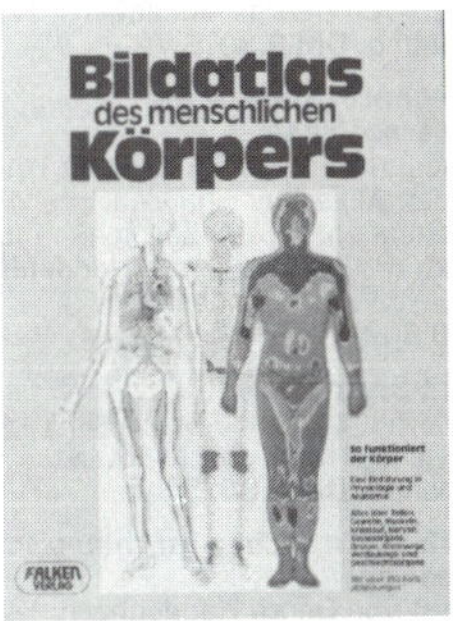


**Bildatlas des menschlichen Körpers**
(4177) Von G. Pogliani u. V. Vannini, 112 S., über 450 Farbabb., Pappband.
**DM 29,80**/S 239.–

**Fußmassage**
Reflexzonentherapie am Fuß
(0714) Von Gerhard Leibold, 96 S., 38 Zeichnungen, kart. **DM 9,80**/S 79.–

**Rheuma und Gicht**
Krankheitsbilder, Behandlung, Therapieverfahren, Selbstbehandlung, richtige Lebensführung und Ernährung
(0712) Von Dr. J. Höder, J. Bandick, 104 S., kart. **DM 9,80**/S 79.–

**Krampfadern**
Ursachen, Vorbeugung, Selbstbehandlung, Therapieverfahren
(0727) Von Dr. med. Kurt Steffens, 96 S., 38 Abb., kart. **DM 9,80**/S 79.–

**Aktiv Yoga**
(0709) Von Karen Zebroff, 112 S., 102 Farbfotos, Spiralbindung, kart.
**DM 14,80**/S 119.–

# Ratgeber, Lebenshilfe

**Umgangsformen heute**
Die Empfehlungen des Fachausschusses für Umgangsformen. (4015) 282 S., 160 s/w-Fotos, 25 Zeichnungen, geb.
**DM 29,80**/S 239.–

**Der Gute Ton**
Ein moderner Knigge. (0063) Von Irmgard Wolter, 168 S., 38 Zeichnungen, kart. **DM 9,80**/S 79.–

**Tischkarten und Tischdekorationen**
(5063) Von Gabriele Vocke, 64 S., 79 Farbfotos, Pappband.
**DM 12,80**/S 99.–

**Von der Verlobung zur Goldenen Hochzeit**
Vorbereitung · Festgestaltung · Glückwünsche. (0393) Von Elisabeth Ruge, 120 S., kart. **DM 6,80**/S 59.–

**Reden zur Hochzeit**
Musteransprachen für Hochzeitstage. (0654) Von Günter Georg, 112 S., kart.
**DM 6,80**/S 59.–

**Glückwünsche, Toasts und Festreden zur Hochzeit.**
(0264) Von Irmgard Wolter, 128 S., kart.
**DM 7,80**/S 69.–

**Hochzeits- und Bierzeitungen**
Muster, Tips und Anregungen.
(0288) Von Hans-Jürgen Winkler, mit vielen Text- und Gestaltungsanregungen, 116 S., 15 Abb., 1 Musterzeitung, kart.
**DM 6,80**/S 59.–

**Kindergedichte zur Grünen, Silbernen und Goldenen Hochzeit**
(0318) Von Hans-Jürgen Winkler, 104 S., 20 Abb., kart. **DM 5,80**/S 49.–

**Die Silberhochzeit**
Vorbereitung · Einladung · Geschenkvorschläge · Festablauf · Menüs · Reden · Glückwünsche. (0542) Von Karin F. Merkle, 120 S., 41 Zeichnungen, kart.
**DM 9,80**/S 79.–

**Großes Buch der Glückwünsche**
(0255) Herausgegeben von Olaf Fuhrmann, 240 S., 77 Zeichnungen und viele Gestaltungsvorschläge, kart.
**DM 9,80**/S 79.–

**Neue Glückwunschfibel**
für Groß und Klein. (0156) Von Renée Christian-Hildebrandt, 96 S., kart.
**DM 4,80**/S 39.–

**Glückwunschverse für Kinder**
(0277) Von Bettina Ulrici, 80 S., kart.
**DM 5,80**/S 49.–

**Die Redekunst · Rhetorik · Rednererfolg**
(0076) Von Kurt Wolter, überarbeitet von Dr. W. Tappe, 80 S., kart.
**DM 4,80**/S 39.–

**Reden und Ansprachen**
für jeden Anlaß. (4009) Herausgegeben von Frank Sicker, 454 S., geb.
**DM 39,–**/S 319.–

**Reden zum Jubiläum**
Musteransprachen für viele Gelegenheiten (0595) Von Günter Georg, 112 S., kart. **DM 6,80**/S 59.–

**Reden und Sprüche zu Grundsteinlegung, Richtfest und Einzug**
Musteransprachen für viele Gelegenheiten. (0598) Von Albert Bruder, Günter Georg, 96 S., kart.
**DM 6,80**/S 59.–

**Reden zu Familienfesten**
Musteransprachen für viele Gelegenheiten. (0675) Von Günter Georg, 108 S., kart. **DM 6,80**/S 59.–

**Festreden und Vereinsreden**
Ansprachen für festliche Gelegenheiten. (0069) Von Karl Lehnhoff und Elisabeth Ruge, 88 S., kart. **DM 5,80**/S 49.–

**Reden im Verein**
Musteransprachen für viele Gelegenheiten. (0703) Von Günter Georg, 112 S., kart., **DM 6,80**/S 59.–

**Trinksprüche, Richtsprüche, Gästebuchverse**
(0224) Von Dieter Kellermann, 80 S., kart. **DM 5,80**/S 49.–

**Ins Gästebuch geschrieben**
(0576) Von Kurt H. Trabeck, 96 S., 24 Zeichnungen, kart. **DM 7,80**/S 69.–

**Poesiealbumverse**
Heiteres und Besinnliches. (0578) Von Anne Göttling, 112 S., 20 Abb., Pappband. **DM 14,80**/S 119.–

**Verse fürs Poesiealbum**
(0241) Von Irmgard Wolter, 96 S., 20 Abb., kart. **DM 5,80**/S 49.–

Rosen, Tulpen, Nelken . . .
**Beliebte Verse fürs Poesiealbum**
(0431) Von Waltraud Pröve, 96 S., mit Faksimile-Abb., kart. **DM 5,80**/S 49.–

**Der Verseschmied**
Kleiner Leitfaden für Hobbydichter. Mit Reimlexikon. (0597) Von Theodor Parisius, 96 S., 28 Zeichnungen, kart.
**DM 7,80** /S 69.–

**Moderne Korrespondenz**
(4014) Von Hans Kirst und Wolfgang Manekeller, 568 S., gebunden.
**DM 39,–** /S 319.–

**Der neue Briefsteller**
(0060) Von Irmgard Wolter-Rosendorf, 112 S., kart.**DM 5,80** /S 49.–

**Geschäftliche Briefe**
des Privatmanns, Handwerkers und Kaufmanns. (0041) Von Alfred Römer, 96 S., kart.**DM 6,80** /S 59.–

**Behördenkorrespondenz**
Musterbriefe – Anträge – Einsprüche. (0412) Von Elisabeth Ruge, 120 S., kart.
**DM 6,80** /S 59.–

**Musterbriefe**
für alle Gelegenheiten. (0231) Herausgegeben von Olaf Fuhrmann, 240 S., kart.**DM 9,80** /S 79.–

**Privatbriefe**
Muster für alle Gelegenheiten. (0114) Von Irmgard Wolter-Rosendorf, 132 S., kart.
**DM 6,80** /S 59.–

**Erfolgstips für den Schriftverkehr**
Briefwechsel leicht gemacht durch einfachen Stil und klaren Ausdruck (0678) Von Joachim Werbellin, 120 S., kart.**DM 8,80** /S 74.–

**Worte und Briefe der Anteilnahme**
(0464) Von Elisabeth Ruge, 128 S., mit vielen Abbildungen, kart.
**DM 9,80** /S 79.–

FALKEN VERLAG

**Lebenslauf und Bewerbung**
Beispiele für Inhalt, Form und Aufbau. (0428) Von Hans Friedrich, 112 S., kart.
**DM 6,80** /S 59.–

**Erfolgreiche Bewerbungsbriefe**
und Bewerbungsformen. (0138) Von Wolfgang Manekeller, 88 S., kart.
**DM 5,80** /S 49.–

**Die erfolgreiche Bewerbung**
Bewerbung und Vorstellung. (0173) Von Wolfgang Manekeller, 156 S., kart.
**DM 9,80** /S 79.–

**Die Bewerbung**
Der moderne Ratgeber für Bewerbungsbriefe, Lebenslauf und Vorstellungsgespräche. (4138) Von Wolfgang Manekeller, 264 S., Pappband.
**DM 19,80** /S 159.–

**Vorstellungsgespräche**
sicher und erfolgreich führen. (0636) Von Hans Friedrich, 144 S., kart.
**DM 9,80** /S 79.–

**Zeugnisse im Beruf**
richtig schreiben, richtig verstehen. (0544) Von Hans Friedrich, 112 S., kart.
**DM 9,80** /S 79.–

**In Anerkennung Ihrer . . . , Lob und Würdigung in Briefen und Reden.**
(0535) Von Hans Friedrich, 136 S., kart.
**DM 7,80** /S 69.–

**Erfolgreiche Kaufmannspraxis**
Wirtschaftliche Grundlagen, Geld, Kreditwesen, Steuern, Betriebsführung, Recht, EDV. (4046) Von W. Göhler, H. Gölz, M. Heibel, Dr. D. Machenheimer, mit einem Vorwort von Dr. K. Obermayr, 544 S., geb. **DM 34,–** /S 272.–

**Der Rechtsberater im Haus**
(4048) Von Karl-Heinz Hofmeister, 528 S., geb. **DM 39,–** /S 319.–

**Arbeitsrecht**
Praktischer Ratgeber für Arbeitnehmer und Arbeitgeber. (0594) Von Johannes Beuthner, 192 S., kart.
**DM 16,80** /S 139.–

**Mietrecht**
Leitfaden für Mieter und Vermieter. (0479) Von Johannes Beuthner, 196 S., kart. **DM 14,80** /S 119.–

**Scheidung und Unterhalt**
nach dem neuen Eherecht. (0403) Von Rechtsanwalt Hans T. Drewes, 109 S., mit Kosten- und Unterhaltstabellen, kart.
**DM 7,80** /S 69.–

**Testament und Erbschaft**
Erbfolge, Rechte und Pflichten der Erben, Erbschafts- und Schenkungssteuer, Muster für Testamente. (4139) Von Theodor Drewes und Rainer Hollender, 352 S., Pappband. **DM 26,80** /S 218.–

**Erbrecht und Testament**
Mit Erläuterungen des Erbschaftssteuergesetzes von 1974. (0046) Von Dr. jur. Hanns Wandrey, 124 S., kart.
**DM 6,80** /S 59.–

**Antiquitäten-(Ver)führer**
Stilkunde – Wert – Echtheitsbestimmung. (5057) Von Margot Lutze, 128 S., 191 Farbfotos, Pappband.
**DM 19,80** /S 159.–

**Der Sklave Calvisius**
Alltag in einer römischen Provinz 150 n. Chr. (4058) Von Alice Ammermann, Tilmann Röhrig, Gerhard Schmidt, 120 S., 99 Farbabb., 47 s/w-Abb., Pappband. **DM 19,80** /S 159.–

**Die Kunst des Stillens nach neuesten Erkenntnissen**
(0701) Von Prof. Dr. med. E. Schmidt/S. Brunn, 112 S., 20 Fotos und Zeichnungen, kart., **DM 9,80** /S 79.–

**Elternsache Grundschule**
(0692) Von K. Meynersen, 324 S., kart., **DM 26,80** /S 218.–

**Sexualberatung**
(0402) Von Dr. Marianne Röhl, 168 S., 8 Farbtafeln, 17 Zeichnungen, Pappband. **DM 19,80** /S 159.–

**Wenn Sie ein Kind bekommen**
(4003) Von Ursula Klamroth, Dr. med. H. Oster, 240 S., 86 s/w-Fotos, 30 Zeichnungen, geb. **DM 24,80** /S 198.–

**Vorbereitung auf die Geburt**
Schwangerschaftsgymnastik, Atmung, Rückbildungsgymnastik. (0251) Von Sabine Buchholz, 112 S., 98 s/w-Fotos, kart. **DM 6,80** /S 59.–

**Wie soll es heißen?**
(0211) Von D. Köhr, 136 S., kart.
**DM 5,80** /S 49.–

**Das Babybuch**
Pflege · Ernährung · Entwicklung. (0531) Von Annelore Burkert, 136 S., 8 Farbtafeln, 41 s/w-Fotos, kart.
**DM 12,80** /S 99.–

Die neue Lebenshilfe **Biorhytmik**
Höhen und Tiefen der persönlichen Lebenskurven vorausberechnen und danach handeln. (0458) Von Walter A. Appel, 157 S., 63 Zeichnungen, Pappband. **DM 9,80** /S 79.–

**Energie aus Sonne, Wasser, Wind und Eis**
Alles über Wärmedämmung, Wärmepumpen, Sonnendächer und andere Systeme. (0552) Von Volker Petzold, 216 S., 124 Abb., kart.
**DM 16,80** /S 139.–

**Vom Urkrümel zum Atompilz**
Evolution – Ursache und Ausweg aus der Krise. (4181) Von Jürgen Voigt, 188 S., 20 Farb- u. 70 s/w-Fotos, 32 Zeichnungen, kart. **DM 19,80** /S 159.–

**Astrologie**
Das Orakel der Sterne.
(2211) Von B. A. Mertz, 80 S., 42 Farb- u. 15 s/w-Fotos, Pappband.
**DM 9,80** /S 85.–

**So finde ich einen Ausbildungsplatz**
(0715) Von Hans Friedrich, 136 S., kart., **DM 9,80** /S 79.–

Falken-Handbuch **Astrologie**
Charakterkunde · Schicksal · Liebe und Beruf · Berechnung und Deutung von Horoskopen · Aszendenttabelle. (4068) Von Bernd A. Mertz mit einem Geleitwort von Hildegard Knef, 342 S., mit 60 erläuternden Grafiken, geb.
**DM 29,80** /S 239.–

**Selbst Wahrsagen mit Karten**
Die Zukunft in Liebe, Beruf und Finanzen. (0404) Von Rhea Koch, 112 S., viele Abb., Pappband. **DM 12,80** /S 99.–

**Weissagen, Hellsehen, Kartenlegen . . .**
Wie jeder die geheimen Kräfte ergründen und für sich nutzen kann. (4153) Von Georg Haddenbach, 192 S., 40 Zeichnungen, Pappband.
**DM 16,80** /S 139.–

**Wahrsagen mit Tarot-Karten**
(0482) Von Edwin J. Nigg, 112 S., 4 Farbtafeln, 52 s/w-Fotos, Abb., Pappband. **DM 14,80** /S 119.–

**Aztekenhoroskop**
Deutung von Liebe und Schicksal nach dem Aztekenkalender. (0543) Von Christa-Maria und Richard Kerler, 160 S., 20 Zeichnungen, Pappband.
**DM 9,80** /S 79.–

**Was sagt uns das Horoskop?**
Praktische Einführung in die Astrologie. (0655) Von Bernd A. Mertz, 176 S., kart.
**DM 9,80** /S 79.–

**Das Super-Horoskop**
(0465) Von Georg Haddenbach, 175 S., Pappband. **DM 9,80** /S 79.–

**Liebeshoroskop für die 12 Sternzeichen**
Glück und Harmonie mit Ihrem Traumpartner. Alles über Chancen, Beziehungen, Erotik, Zärtlichkeit, Leidenschaft. (0587) Von Georg Haddenbach, 144 S., 12 Zeichnungen, geb.
**DM 6,80** /S 59.–

**Die 12 Sternzeichen**
Charakter, Liebe und Schicksal. (0385) Von Georg Haddenbach, 160 S., Pappband. **DM 9,80** /S 79.–

**Die 12 Sternzeichen im chinesischen Horoskop**
(0423) Von Georg Haddenbach, 128 S., Pappband. **DM 9,80** /S 79.–

**Sternstunden**
für Liebe, Glück und Geld, Berufserfolg und Gesundheit. Das ganz persönliche Mitbringsel für Widder (0621), Stier (0622), Zwillingen (0623), Krebs (0624), Löwe (0625), Jungfrau (0626), Waage (0627), Skorpion (0628), Schütze (0629), Steinbock (0630), Wassermann (0631), Fische (0632) Von Leo Cancer, 62 S., durchgehend farbig, Zeichnungen, Pappband. **DM 5,–** /S 39.–

**So deutet man Träume**
Die Bildersprache des Unbewußten. (0444) Von Georg Haddenbach, 160 S., Pappband. **DM 9,80** /S 79.–

**Die Familie im Horoskop**
(4161) Von B. A. Mertz, 296 S., 29 Zeichnungen, kart.
**DM 16,80** /S 139.–

ZDF · ORF · DRS
**Kompaß Jugend-Lexikon**
(4096) Von Richard Kerler, Jochen Blum, unter Mitarbeit von Ursula Kopp, 336 S., 766 Farbfotos, 39 s/w-Fotos und Zeichnungen, Pappband.
**DM 29,80** /S 239.–


FALKEN VERLAG

**Der Weg zum richtigen Computer**
Checklisten und Entscheidungshilfen für Auswahl und Einsatz im Betrieb.
(4801) Von W. Bauer, 558 S., Mappe mit Ringmechanik **DM 298,–**/S 2.398.–

**Computer Grundwissen**
Eine Einführung in Funktion und Einsatzmöglichkeiten. (4302) Von Wolfgang Bauer, 176 Seiten, 193 Farb- und 12 s/w-Fotos, 37 Computergrafiken, kart., **DM 29,80**/S 239.–
(4301) Pappband, **DM 36,–**/S 298.–

**Einführung in die Programmiersprache BASIC.** (4303) Von Susan Curran und Ray Curnow, 192 S., 92 Zeichnungen, Spiralbindung. **DM 19,80**/S 159.–

**Lernen mit dem Computer.** (4304) Von Susan Curran und Ray Curnow, 144 S., 34 Zeichnungen, Spiralbindung, **DM 19,80**/S 159.–

**Computerspiele, Grafik und Musik**
(4305) Von Susan Curran und Ray Curnow, 148 S., 46 Zeichnungen, Spiralbindung. **DM 19,80**/S 159.–

**Menschen, Computer und Roboter**
(4502) Von Wolfgang Rudolph und Hedda Schatz, 144 Seiten und 8 Farbtafeln, kart. **DM 24,80**/S 198.–

**Computer sind überall.** (4501) Von Wolfgang Rudolph und Hedda Schatz, 144 S., 120 Abb., kart. **DM 24,80**/S 198.–

**Das neue Wörterbuch der deutschen Gegenwartssprache**
(4163) Von F. Hübner, 480 S., Pappband, **DM 19,80**/S 159.–

**Endlich 18 und nun?**
Rechte und Pflichten mit der Volljährigkeit. (0646) Von Richard Rathgeber, 224 S., 27 Zeichnungen, kart. **DM 14,80**/S 119.–

**Psycho Tests**
– Erkennen Sie sich selbst.
(0710) Von Bruce M. Nash, Randolph B. Monchick, 304 S., 81 Zeichnungen, kart., **DM 16,80**/S 139.–

**Keine Angst vorm Fliegen**
(0463) Von Rudolf Braunburg und Rainer-Joachim Pieritz, 159 S., 15 Farbtafeln, 68 s/w-Fotos, kart. **DM 12,80**/S 99.–

**Dinosaurier**
und andere Tiere der Urzeit. (4219) Von Gerolf Alschner, 96 S., 81 großformatige Farbzeichnungen, 4 s/w-Fotos, Pappband. **DM 24,80**/S 198.–

# Lernhilfen

**Deutsch für Ausländer im Selbstunterricht**
**Ausgabe für Italiener**
(0254) Von Italo Nadalin und Ernst Richter, 156 S., 62 Zeichnungen, kart. **DM 9,80**/S 79.–

**Ausgabe für Jugoslawen**
(0261) Von I. Hladek und Ernst Richter, 132 S., 62 Zeichnungen, kart. **DM 9,80**/S 79.–

**Ausgabe für Türken**
(0262) Von B. I. Rasch und Ernst Richter, 136 S., 62 Zeichnungen, kart. **DM 9,80**/S 79.–

**Deutsch – Ihre neue Sprache.**
Grundbuch (0327) Von Hans-Jürgen Demetz und Juan Manuel Puente, 204 S., mit über 200 Abb., kart. **DM 14,80**/S 119.–

**Glossar Italienisch**
(0329) Von Hans-Jürgen Demetz und Juan Manuel Puente, 74 S., kart. **DM 9,80**/S 79.–

**In gleicher Ausstattung:**
**Glossar Spanisch** (0330) **DM 9,80**/S 79.–

**Glossar Serbokroatisch** (0331) **DM 9,80**/S 79.–

**Glossar Türkisch** (0332) **DM 9,80**/S 79.–

**Glossar Arabisch** (0335) **DM 9,80**/S 79.–

**Glossar Englisch** (0336) **DM 9,80**/S 79.–

**Glossar Französisch** (0337) **DM 9,80**/S 79.–

**Das Deutschbuch**
**Ein Sprachprogramm für Ausländer, Erwachsene und Jugendliche.**
Autorenteam: Juan Manuel Puente, Hans-Jürgen Demetz, Sener Sargut, Marianne Spohner.

**Grundbuch Jugendliche**
(4915) Von Puente, Demetz, Sargut, Spohner, Hirschberger, Kersten, von Stolzenwaldt, 256 S., durchgehend zweifarbig, kart. **DM 19,80**/S 159.–

**Grundbuch Erwachsene**
(4901) Von Puente, Demetz, Sargut, Spohner, 292 S., durchgehend zweifarbig, kart. **DM 24,80**/S 198.–

**Arbeitsheft**
zu Grundbuch Erwachsene und Jugendliche. (4903) Von Puente, Demetz, Sargut, Spohner, 160 S., durchgehend zweifarbig, kart. **DM 16,80**/S 139.–

**Aufbaukurs**
(4902) Von Puente, Sargut, Spohner, 239 S., durchgehend zweifarbig, kart. **DM 22,80**/S 182.–

**Lehrerhandbuch Grundbuch Erwachsene**
(4904) 144 S., kart. **DM 14,80**/S 119.–

**Lehrerhandbuch Grundbuch Jugendliche**
(4929) 120 S., kart. **DM 14,80**/S 119.–

**Lehrerhandbuch Aufbaukurs**
(4930) 64 S., kart. **DM 9,80**/S 79.–

**Glossare Erwachsene:**

**Türkisch**
(4906) 100 S., kart. **DM 9,80**/S 79.–

**Englisch**
(4912) 100 S., kart. **DM 9,80**/S 79.–

**Französisch**
(4911) 104 S., kart. **DM 9,80**/S 79.–

**Spanisch**
(4909) 98 S., kart. **DM 9,80**/S 79.–

**Italienisch**
(4908) 100 S., kart. **DM 9,80**/S 79.–

**Serbokroatisch**
(4914) 100 S., kart. **DM 9,80**/S 79.–

**Griechisch**
(4907) 102 S., kart. **DM 9,80**/S 79.–

**Portugiesisch**
(4910) 100 S., kart. **DM 9,80**/S 79.–

**Polnisch**
(4913) 102 S., kart. **DM 9,80**/S 79.–

**Arabisch**
(4905) 100 S., kart. **DM 9,80**/S 79.–

**Glossare Jugendliche:**

**Türkisch**
(4927) 105 S., kart. **DM 9,80**/S 79.–

**Italienisch**
(4932) Von Alexandra Baumgartner, 100 S., kart. **DM 9,80**/S 79.–

**Spanisch**
(4933) Von Margerita Weidemann, 100 S., kart. **DM 9,80**/S 79.–

**Serbokroatisch**
(4934) Von Milan Vuckovic, 100 S., kart. **DM 9,80**/S 79.–

**Griechisch**
(4936) Von Dr. Georg Tzounakis, 112 S., kart. **DM 9,80**/S 79.–

**Tonband Grundbuch Erwachsene**
(4916) Ø 18 cm. **DM 125,–**/S 1.000.–

**Tonband Grundbuch Jugendliche**
(4917) Ø 18 cm. **DM 125,–**/S 1.000.–

**Tonband Aufbaukurs**
(4918) Ø 18 cm. **DM 125,–**/S 1.000.–

**Tonband Arbeitsheft**
(4919) Ø 18 cm. **DM 89,–**/S 712.–

**Kassetten Grundbuch Erwachsene**
(4920) 2 Stück à 90 Min. Laufzeit. **DM 39,–** /S 319.–

**Kassetten Grundbuch Jugendliche**
(4921) 2 Stück à 90 Min. Laufzeit. **DM 39,–** /S 319.–

**Kassetten Aufbaukurs**
(4922) 2 Stück à 90 Min. Laufzeit. **DM 39,–** /S 319.–

**Kassette Arbeitsheft**
(4923) 60 Min. Laufzeit. **DM 19,80** /S 159.–

**Overheadfolie Grundbuch Erwachsene**
(4924) 60 Stück. **DM 159,–** /S 1.270.–

**Overheadfolien Grundbuch Jugendliche**
(4925) 59 Stück. **DM 159,–** /S 1.270.–

**Overheadfolien Aufbaukurs**
(4931) 54 Stück **DM 159,–** /S 1.270.–

**Diapositive Grundbuch Erwachsene**
(4926) 300 Stück. **DM 398,–** /S 3.184.–

**Bildkarten**
zum Grundbuch Jugendliche und Erwachsene. (4928) 200 Stück
**DM 159,–** /S 1.270.–

Arbeitshefte für ausländische Jugendliche in der Berufsvorbereitung
**Fachsprache im projektorientierten/ fachübergreifenden Unterricht**
**Metall 1**
(4937) Von Sener Sargut, Marianne Spohner, 106 S., 30 Farbfotos, 100 Zeichnungen, kart.
**DM 14,80** /S 119.–

**Maschinenschreiben für Kinder.**
(0274) Von Hanns Kaus, 48 S., farbige Abb., kart. **DM 5,80** /S 49.–

So lernt man leicht und schnell
**Maschinenschreiben**
Lehrbuch für Selbstunterricht und Kurse. (0568) Von Jean W. Wagner, 80 S., 31 s/w-Fotos, 36 Zeichnungen, Spiralbindung, kart. **DM 19,80** /S 159.–

**Maschinenschreiben durch Selbstunterricht**
(0170) Von A. Fonfara, 84 S., viele Abb., kartoniert. **DM 5,80** /S 49.–

**Stenografie**
– leicht gemacht im Kursus oder Selbstunterricht. (0266) Von Hanns Kaus, 64 S., kart. **DM 5,80** /S 49.–

**Buchführung**
leicht gefaßt. Ein Leitfaden für Handwerker und Gewerbetreibende. (0127) Von Richard Pohl. 104 S., kart.
**DM 7,80** /S 69.–

**Schülerlexikon der Mathematik**
Formeln, Übungen und Begriffserklärungen für die Klassen 5–10. (0430) Von Robert Müller, 176 S., 96 Zeichnungen, kart.
**DM 9,80** /S 79.–

**Mathematik verständlich**
Zahlenbereiche Mengenlehre, Algebra, Geometrie, Wahrscheinlichkeitsrechnung, Kaufmännisches Rechnen. (4135) Von Robert Müller, 652 S., 10 s/w- und 109 Farbfotos, 802 farbige und 79 s/w-Zeichnungen, über 2500 Beispiele und Übungen mit Lösungen, Pappband.
**DM 68,–** /S 549.–

**Mathematische Formeln für Schule und Beruf**
Mit Beispielen und Erklärungen. (0499) Von Robert Müller, 156 S., 210 Zeichnungen, kart. **DM 9,80** /S 79.–

**Rechnen aufgefrischt**
für Schule und Beruf. (0100) Von Helmut Rausch, 144 S., kart. **DM 6,80** /S 59.–

Mehr Erfolg in Schule und Beruf
**Besseres Deutsch**
Mit Übungen und Beispielen für Rechtschreibung, Diktate, Zeichensetzung, Aufsätze, Grammatik, Literaturbetrachtung, Stil, Briefe, Fremdwörter, Reden. (4115) Von Kurt Schreiner, 444 S., 7 s/w-Fotos, 27 Zeichnungen, Pappband. **DM 29,80** /S 239.–

**Richtiges Deutsch**
Rechtschreibung · Zeichensetzung · Grammatik · Stilkunde. (0551) Von Kurt Schreiner, 128 S., kart.
**DM 9,80** /S 79.–

**Diktate besser schreiben**
Übungen zur Rechtschreibung für die Klassen 4–8. (0469) Von Kurt Schreiner, 149 S., kart. **DM 9,80** /S 79.–

**Aufsätze besser schreiben**
Förderkurs für die Klassen 4–10. (0429) Von Kurt Schreiner, 144 S., 4 s/w-Fotos, 27 Zeichnungen, kart. **DM 9,80** /S 79.–

**Deutsche Grammatik**
Ein Lern- und Übungsbuch. (0704) Von Kurt Schreiner, 112 S., kart.,
**DM 9,80** /S 79.–

# Bestellschein

FALKEN VERLAG

**Erfüllungsort und Gerichtsstand für Vollkaufleute ist der jeweilige Sitz der Lieferfirma. Für alle übrigen Kunden gilt dieser Gerichtsstand für das Mahnverfahren. Falls durch besondere Umstände Preisänderungen notwendig werden, erfolgt Auftragserledigung zu dem bei der Lieferung gültigen Preis.**
**Ich bestelle hiermit aus dem Falken-Verlag GmbH, Postfach 1120, D-6272 Niedernhausen/Ts., durch die Buchhandlung:**

Ex. ______

Ex. ______

Ex. ______

Ex. ______

Ex. ______

Ex. ______

Name: ______

Straße: ______ Ort: ______

Datum: ______ Unterschrift: ______

FALKEN VERLAG

 Für die Schweiz: sFr.-Preise gemäß Preisauszeichnung in der Buchhandlung